SPAN
200
PIC

Y0-CKM-756

DEC 0 9 2016

EMANUEL PICONE

DATE DUE			
JAN 0 6 2017			
FEB 0 2 2017			
FEB 1 5 2017			
MAR 1 5 2017			
MAR 3 1 2017			
APR 2 2 2017			

Library Store #47-0108 Peel Off Pressure Sensitive

DEL DIOS VIVO

noted 2/21/17 MKE

Publicado por
M.Laffitte Ediciones
marcelolaffitte@gmail.com
Buenos Aires, Argentina.

© 2016 por Emanuel Picone
emanuelpicone@hotmail.com

Diseño & Diagramación: Estudio Qaio
info@estudioqaio.com.ar

Edición Digital: © 2016 Editorial Imagen.
Córdoba, Argentina

Editorialimagen.com
All rights reserved.

Se utilizó la Biblia versión Reina Valera, revisión 1960,
salvo cuando se indica otra, como NVI (Nueva Versión Internacional)

Todos los derechos reservados.
Prohibida la reproducción total o parcial
de esta obra, sin el permiso por escrito del autor.

CATEGORÍA: Liderazgo / Formación / Vida Cristiana.

Impreso en los Estados Unidos de América

ISBN-13:9781534754386
ISBN-10:1534754385

Índice

Agradecimientos 1
Introducción 3
Prólogo 5
Prólogo 9
    Harto del "Evangelio" 15
    Para un mundo que se muere de frio… 18
    Es como un fuego sagrado 19
    Un altar se necesita 21
    Se necesita fuego 23
    Aquel 2013… 23
    La generación "Selfie" 27
    Necesitamos volver del ruido! 30
    Cuando Dios tiró la religión del caballo 31
    ¿Por qué me persigues? 32
    ¿Será que la Iglesia está camino a Damasco? .. 33
    ¿Qué quieres que haga? 33
    Despojarse… 34
    El modelo original 35
    El sacerdocio esta descuidado 38
    Ahora… 39

El fuego arderá continuamente 40
Aceite para las lámparas 43
Superficial para el mundo pero profundo para el Cielo 44
Una añoranza del Cielo 45
Jesús quiere recordarnos algo 47
Un lugar para el encuentro 49
Actualización de Estado 53
Hagamos un poquito de historia… 53
Reforma o avivamiento 56
¿Tradiciones o mover del Espíritu Santo? 56
Tradiciones evangélicas: ¿Buenas o malas? 57
Cristiano evangélico no practicante 64
Tradiciones y la oración 65
Devolvámosle la Iglesia a Dios 66
Una Iglesia devaluada 68
Un fosforito 71
¿Hijo o siervo? 72
¿Conocer o reconocer? 75
¿Dios encerrado? 78
Haya en vosotros pues este mismo sentir.... 80
Tradiciones vs Evangelismo 81
La Iglesia no es una institución 83

Desencantados con la Iglesia..........85
El verdadero evangelio..........87
Necesitamos una reforma del corazón..........90
El Altar es como el Wi Fi del cielo..........92
El boom de la "Adoración"..........93
Una gran burbuja..........94
Una Iglesia nueva..........96
La Iglesia del Nuevo testamento tiene un mensaje: ¡Ve tú y haz lo mismo!..........98
Los amigos del campeón..........101
Frases…..........103

Más Libros de Interés 111

Agradecimientos

Quiero dedicar estas breves palabras en gratitud a mi familia.

Comenzando por mi amada Gretel, mi compañera de viaje. Su comprensión y dedicación en cada momento, me ha mostrado a Dios en los pequeños detalles de mi vida.

Mis hijos Gianluca y Donnatella, hermosos por donde se los mire, que han sabido comprender, aun con su corta edad, los momentos y circunstancias de mi adrenalínico modo de vida.

A mis padres Miguel y Betty por enseñarme a amar a Dios con todas mis fuerzas.

A nuestra pequeña comunidad, "Iglesia Pasión X Su Presencia" que me han enseñado a ser pastor cada día y me han tenido paciencia y amor cuando más lo necesitaba.

A mis amigos, que no son muchos, pero fieles en momentos en que el "campeón" perdió la corona.

Pero por sobre todas las cosas, al Espíritu Santo, por insistir, profundizar e impedir que esa pequeña chispa que se encendió en mi niñez, no se apagara con el paso de los años. También por ser mi consuelo y mi amigo. Toda la gloria y alabanza. Gracias por tu confidencia.

Introducción

¿El fin de la Iglesia conocida? Evangelio, ¿una buena noticia?

Este libro desnuda la cruel crisis de la Iglesia que en busca de seguir transmitiendo el mensaje eterno de salvación se ha "aggiornado" a los modos y conductas de este siglo creyendo que las estrategias y las buenas ideas humanas son la que dan resultados exitosos para el Reino de Dios.

Revela también el indisimulado culto al ego en su máxima expresión, donde el hombre es el centro y el fin de todo.

Denominaciones, instituciones y estructuras obsoletas han conducido a miles de personas lejos de la verdadera grey de Dios y han condicionado el genuino propósito del evangelio. Han maniatado al Espíritu Santo… solo para conducirnos por senderos de tradiciones y proyectos de hombres.

Hemos llegado —es doloroso admitirloal punto que la sociedad no desecha a Dios, sino a sus mensajeros.

El Antiguo y el Nuevo Testamento están separados por 400 años donde hubo silencio de Dios. ¿Qué pasó en aquel tiempo? La religión se organizó al punto tal que cuando llegó el Mesías prescindieron del Él.

La historia del pueblo de Dios está determinada por la voz y dirección del Espíritu del Santo, nunca por el hombre.

Cuatro ingredientes letales como las denominaciones, las instituciones, la estructura y el ego nos han conducido a una espiritualidad tan débil que está más determinada por lo que el hombre propone que por lo que Dios dispuso.

La Iglesia es un movimiento que depende pura y exclusivamente de la acción misma del Espíritu Santo y no una religión organizada.

¡Escuchemos a Dios! ¡Algo tiene por decir! Devolvamos la Iglesia a Dios.

Prólogo

Marcelo Laffitte

Trabajé en la edición de este libro en forma personal y no quise delegar el trabajo porque las primeras páginas me asustaron un poco. Estamos desacostumbrados a que muchas cosas se digan sin anestesia. Más bien, la mayoría de los autores tratan de expresarse con términos "políticamente correctos". Pero Emanuel Picone coloca "toda la carne en el asador" en los primeros tramos de este libro.

Para quien lo lea de manera ligera quizás se haga una imagen equivocada del autor. Posiblemente piense que se trata de un resentido que decidió volcar toda su furia en las páginas de un libro. O que se trata de alguien que, sin importarle la reacción de los lectores, decidió hacer una "catarsis evangélica" y vomitar una catarata de situaciones que lo fueron hartando. Pero se equivocarán los que juzguen este trabajo literario desde estas perspectivas y sin haber leído toda la obra.

A medida que uno camina hacia la profundidad de sus páginas, el joven autor –Emanuel ronda los cuarenta años– va mutando su estilo y va suavizando la explosividad de la apertura para dar paso a verdades contundentes dichas casi con la precisión de un viejo sabio.

Si tuviera que definir en muy pocas palabras el objetivo que persigue este libro, diría que, con una inocultable nostalgia, Picone pide volver a los tiempos del "primer amor", como reza Apocalipsis, donde quizás había menos luces, menos rayos láser, menos marketing y más simpleza y profundidad en la fe.

Los que, como yo, se asusten del comienzo de este libro, no podrán dejar de subscribir pensamientos de este tipo, de los cuales hay cientos en este apasionado clamor por la vuelta a lo mejor del Evangelio de Cristo. Lea lentamente:

"Somos definidos por lo que hacemos y no por lo que decimos"./ "Cuando nuestra identidad y estima están definidas por nuestro entorno estamos en problemas"./ "El liderazgo produce competencia, el servicio compañerismo"./ "La falta de expectativas es por nuestra falta de fe"./ "La diferencia en nuestra vida no depende de nuestros proyectos personales, sino de la providencia de Dios"./ "Un estilo de vida piadosa lejos de la dependencia de Dios es religión"./ "La

música que produce placer en los oídos de Dios son los latidos de un corazón humilde y quebrantado". / "Clasificado: Regalo sonido, luces y plataforma. Por desalojo de local, obsequio instrumentos. Me voy a la calle. Firmado: Jesús." / "La iglesia fue llamada a reconciliar al mundo con Dios, no ha juzgar al mundo". / "Hoy ponemos más énfasis en los edificios, las organizaciones, en obtener personaría jurídica y alcanzar el beneficio de que se nos nombre como Entidad de Bien Público, que en las vidas de las personas". / "El Ego es el mayor enemigo de la espiritualidad." / "La diferencia en este tiempo no la van a hacer los que hablan, sino los que escuchen". / "Para que Dios te use, primero tiene que tratar con tu Ego. Cuanto más anónimo, más brilla Su Nombre. / "Hágase tu voluntad, es mucho más que una conjunción de palabras, es el sentir del cielo manifestado en conductas diarias". / "La verdadera adoración es un corazón transformado que produce frutos perdurables".

Prólogo

Facu Dening

Desde muy pequeño supe que sería músico, que ese era el don que Dios me regalaba y que debía prepararme para ello. Desde allí comencé a

capacitarme y a recorrer un camino interminable en este universo musical. Entre las cosas que recuerdo haber hecho (y que sigo haciendo), una era mirar video-tutoriales (o clínicas) de músicos de renombre. Y he llegado a pasar horas observando estos videos, prestando atención a cada detalle, tratando de seguir paso por paso cada enseñanza, hasta que finalmente llegaba el momento de analizar y decidir qué hacer con esta mezcla de sensaciones que se generaban dentro de mí una vez concluidos estos videos.

Por un lado, una parte de mí se maravillaba y se asombraba del admirable talento y la enorme capacidad que estos músicos demostraban al ejecutar sus instrumentos y por otro lado, algo me llevaba a "auto-examinarme" y ver en qué condición (musical) me encontraba yo. Es decir, nacía un sentimiento de autocrítica hacia mi realidad musical, pero no con el fin de caer en la autodestrucción y/o frustración (aunque muchas veces así me sentí) debido a la abismal diferencia que había entre estos músicos virtuosos y yo, sino con el objetivo de desafiarme a mí mismo a buscar la excelencia y a desarrollar aún más mi talento con este pensamiento como lema: "Si ellos pueden tocar así, ¿Por qué no yo también?".

Algo similar me ha pasado, una y otra vez en los gratos momentos de charla que he compartido con Emanuel. Esta misma mezcla de sensaciones y sentimientos que anteriormente mencionaba, se gestaban dentro de mí, cada vez que hablábamos del evangelio de Cristo, de la actualidad de la iglesia, de la religiosidad y de un sin fin de cosas que desgraciadamente vemos hoy, y que nada tienen que ver con el maravilloso evangelio de Cristo.

Automáticamente me asombraba de la forma en que Ema veía, entendía y vivía el evangelio, pero el evangelio real, el puro, el que nos enseñó Cristo, ese que es "poder de Dios y locura al que no cree". Y como contraparte a ello, al mismo tiempo, mientras él me hablaba, comenzaba a examinarme y tratar de ver si mi corazón estaba sano, si Dios tenía el absoluto control de él, o si estaba errando en mi forma de ver, entender y vivir el evangelio (autocrítica).

Siempre me sentí desafiado y motivado luego de cada conversación, y estoy seguro que este libro va a despertar estas mismas sensaciones dentro de ti y vas a encontrarte a ti mismo en la realidad espiritual en la que estás parado. Por un lado vas a asombrarte de lo simple y sencillo (pero poderoso) que es el evangelio de Cristo, pero también de cómo se ha distorsionado el mensaje, de cuántas manos hemos echado para moldearlo a nuestro antojo y utilizarlo para manipular, destruir o sacar ventajas respecto a otros.

Y es allí donde tendrás que decidir qué hacer con tu vida (autocrítica)…si seguir así, o dejar que Dios moldee tu corazón aunque duela, transforme tus ideas aunque creas tener la razón, cambie tus conceptos aunque te creas el "sabelotodo" y rompa tus estructuras aunque te creas libre… es decir, " te mate para que Él resucite en vos".

Siempre hay cosas por cambiar, por mejorar y desafíos nuevos por encarar, pero lo paradójico de este libro es que "no te va a enseñar nada nuevo", mas bien te llevará de regreso a las sendas antiguas, al lugar del que nunca te tendrías que haber ido, y te hará volver a mirar aquello que nunca deberías haber perdido de vista…a Cristo.

Es mi deseo que tomes cada palabra, cada reflexión, dando lugar a la autocrítica, dejando que Dios te hable, te ayude a crecer y a vivir el evangelio en su más puro estado.

Facu Dening
Líder y cantante de Corto Plazo

Lo que vas a leer a continuación no lo vas a encontrar en la portada de ningún periódico, no va a estar posteado en redes sociales, no lo verás colgado en ninguna marquesina luminosa de "Iglesia" vanguardista.

Pero es un suspiro del cielo, una voz emergente que nace del Espíritu que desciende del trono de Dios.

Seguramente confrontará tradiciones, estructuras, pensamientos. Pero de eso se trata, de ser guiados por el Espíritu Santo y no por nuestras buenas ideas ni por experimentadas costumbres. Tampoco se trata, como se dice en estos días, de ser políticamente correctos. Se trata de aproximarnos lo más posible a la verdad.

De un tiempo a la fecha, la Iglesia ha estado embargada en continuos desafíos de extensión que pasan más por cuestiones edilicias, sonido, luminarias, climatización, etc.

que por compartir las verdades eternas del Evangelio.

¿Hemos entendido el mensaje de Jesús?

Nosotros seguimos insistiendo en la misma mirada que tenía aquel discípulo cuando al ver la majestuosidad del templo dijo: "¡Que piedras, que edificio!"

"Saliendo Jesús del templo, le dijo uno de sus discípulos: Maestro, mira qué piedras, y qué edificios. Jesús, respondiendo, le dijo: ¿Ves estos grandes edificios? No quedará piedra sobre piedra, que no sea derribada" (Marcos 13:1-2)

Te invito a reflexionar mientras camines por las páginas de este libro. Déjate conducir por el Espíritu Santo a través de estas sencillas líneas que nacen de un hombre que al igual que vos tiene la ardiente necesidad de encontrar satisfacción y propósito en lo que Dios nos ha delegado.

Al leer, seguramente encontrarás tramos donde experimentarás diferentes tipos de ánimo. Debo confesarte que mientras escribía sentí por momentos que me impulsaba mucho más el ego que los deseos de Dios. Creo que nos pasa a todos.

Pero si en algo no llegamos a ponernos de acuerdo, considera las palabras del apóstol Pablo en su declaración:

"Aquel que comenzó la obra, será fiel en completarla" (Filipenses 1:6)

Adelante… Somos varios los que deseamos seguir aprendiendo del Maestro.

¿Estás Listo?

Harto del "Evangelio"

Me harté de este "cristianismo" que se ha vuelto un "negocio" para pocos y una deuda constante para otros. Lo han convertido en una máquina de pedir…

Me harté de los "Apóstoles" que llenos de excentricidades deambulan de ciudad en ciudad y se jactan de sus vehículos del año, los países recorridos, los edificios construidos, los hoteles y viajes realizados… Estos "Apóstoles" deberían llamarse "apéstoles" porque apestan. Nada tienen que ver con los que nos dejaron un camino surcado por precios que estos no estarían dispuestos a pagar.

Me harté de las radios y canales de TV que con sus maratónicas campañas piden dinero para sostener sus emisoras ¡a cambio de una bendición especial! Promotores de milagros instantáneos… Ahora, me pregunto, si es de Dios ese proyecto, ¿no lo tiene que sostener Dios?

Me harté de los comerciantes de la "revelación sobrenatural" que idiotizan a las personas haciéndoles creer que son ellos los iluminados de Dios… y que son los representantes exclusivos del Espíritu Santo. Justamente el que nos guía a toda verdad.

Me harté de los que financian sus lujosas vidas a cambio de las ofrendas especiales para el sostén del "ministerio". Como si lo que fuera de Dios necesitaría el sostén del hombre…

Me harté de los que reciben las ofrendas y diezmos de sus "discípulos" en sus manos y en ese momento no consideran lo que Jesús mismo dijo acerca de esto que:

"Antes de poner tu ofrenda en el altar, ponte en paz con tu hermano" (Mateo 5.24)

Claro, no importa, en ese momento el "sobre" es más importante que la integridad de quien lo pone ¡y de quien lo recibe!

Me harté de los "eventos cristianos" que incluyen todo tipo de programas y entretenimientos, para atraer a las personas. Como si LA BUENA NOTICIA no fuera atractiva por sí misma.

Me harté de los organizadores de festivales y demás, que agregan ceros a los números de asistentes a fin de dar mayor relevancia a sus negocios. Eso es MENTIR.

Me harté de los "artistas cristianos" que tienen un caché y después hablan de ser la verdadera Iglesia y revolucionar el mundo. No lo veo a Jesús con representante y precio!

Me harté de los músicos que no saben más que una escala de música y se creen los más importantes de la "plataforma". Y saben de "armonía" pero sus cuartos están desafinados y nada armoniosos.

Me harté del lenguaje de esta "subcultura" evangélica: decretamos, establecemos, declaramos… de dos besos, Paz del Señor, corbata y pollera, etc. Cuando la "buena noticia" es la que embellece el alma y el amor es el verdadero lenguaje.

Me harté de "líderes" manipuladores que quieren tener todo bajo su control y no pueden con sus propias almas... porque son inseguros, caprichosos, envidiosos, que no dejan que "sus miembros" vayan a otra reunión que no esté bajo su tutela. No hacen otra cosa que manifestar la falta de carácter de Cristo y someten a sus "seguidores" a su gusto y piacere.

Me harté de los pastores que se adueñan de la obra de Dios perpetuándose. ¡Sí! La "obra de Dios" y no aprenden a reconocer el tiempo y las disposiciones de Dios...

Me harté de los que buscan incansablemente un reconocimiento entre su pares para alcanzar el púlpito y tener el aplauso de la gente...

Me harté de los ministerios que pretenden invertir más dinero en edificios, sonido, luces y "chiches" de toda índole que en las vidas de las personas que no entrarían a nuestras instalaciones... ¡y Jesús dio la vida por ellos!

Me harté de aquellos que fundamentan su prédica en condenar lo que Jesús nunca condenó. Sino que se dio a sí mismo por amor.

Me harté de los ministros que públicamente avergüenzan a algunos miembros en las congregaciones con ánimo de disciplinar y restaurar al "pecador" cuando Jesús, quien tomó mi lugar, ya fue expuesto públicamente por cada uno de nosotros. La Biblia enseña que para disciplinar debemos hablar privadamente con el hermano que deseamos corregir o restaurar.

Me harté de que los ministros ocupen las primeras bancas olvidando que Jesús dijo lo contrario.

Me harté de que hoy los "grandes siervos" sean atendidos de manera diferenciada.

Me harté de las jerarquías y cargos dentro de las Iglesias…

Me harté que identifiquen a la Iglesia con el dinero y la corrupción.

El mundo se hartó de nosotros… ¡y yo me harté de mí mismo!

Para un mundo que se muere de frío…

Así decía aquella sencilla canción que aprendí cuando desde niño participaba felizmente en la escuela dominical en la hora en que mi familia asistía a la congregación de la calle Hidalgo 357 en el barrio de Caballito. Esta decía algo así:

"Como por una chispa, puede arder el fuego y los de alrededor, ya sienten su calor. Así es el amor de Dios, si lo has palpado, se lo contás a los demás, yo quiero hablar de El…"

Y esa chispa encendió mi corazón desde niño. Esa chispa creció y se apoderó de mi vida dando curso a lo que hoy soy y aun anhelo llegar a ser: un hombre entregado totalmente a Él. Un hombre rendido y comprometido con el Espíritu Santo y con una causa: Extender ese fuego en cada rincón de este mundo que se muere de frio.

"Extender ese fuego en cada rincón de este mundo que se muere de frio"

Vale la pena intentarlo cada mañana, crear ese espacio para

que Su gloria se haga real y palpable en nuestra vida. Ese fuego sagrado que no solo se encienda para purificar, sino también para arder y alumbrar nuestra realidad.

Debemos saber que cuando uno enciende una lámpara no solo trae claridad a su camino, sino también alumbra la vida de otros. Es hora de hacer algo, es hora de que esa pequeña chispa haga arder un gran fuego. ¿Te animas?

"Cuando uno enciende una lámpara no solo trae claridad a su camino, sino también alumbra la vida de otros".

Es como un fuego sagrado

Es la distinción, la marca e insignia que te distingue entre las tinieblas que gobiernan el mundo. Y está ahí, como bomba latente a punto de estallar, solo para aquellos que no se conforman con lo común, lo normal, sino que anhelan que ese fuego sagrado transforme no solo su vida, sino también su entorno, su medio.

Hay poder en ese fuego. Es el poder del Espíritu Santo, que es como llama viva que guiona tu vida y te encamina al cumplimiento del propósito que te fue asignado.

Ante el frío de nuestra realidad, frente a los episodios recurrentes, solo necesitamos aventar el fuego del Espíritu Santo, no solo para aclimatar, sino para cambiar el ambiente donde nos movemos, donde nos desarrollamos.

Esa fue la intención del apóstol Pablo para Timoteo cuando dijo:

"Por esta razón, te recuerdo que avives el fuego del don espiritual que Dios te dio cuando te impuse mis manos". (2 Timoteo 1:6) NTV

Como consejo de papá espiritual y aun reconociendo la virtud de su fe sincera y no fingida, le recuerda que más allá de su condición, siguiera aventando ese fuego, que no permitiera que ninguna realidad le hiciera disminuir esa pasión que lo caracterizaba desde niño.

Ahora podemos reconocer que esta conducta es la que ha acompañado a los miles de "anónimos" a lo largo de la historia de la cristiandad que han sido antorchas encendidas en lugares recónditos que han marcado, influenciado y despertado un mover de Dios en cada escenario.

Así como este fuego sagrado acompañó a lo largo de todo el relato bíblico a aquellos actores de la historia que Dios dispuso como protagonistas de transformación para cada situación, hoy te quiere alcanzar a ti para poder seguir ardiendo y propagando un cambio en este mundo que tanta falta le hace.

Un altar se necesita

Pero se necesita un "Altar" para hacer mella y una plataforma donde comenzar un avivamiento. Y ese espacio está determinado por el entendimiento y la disposición que hoy le rindas al Señor, no por cuanto conocimiento o relato tengas de la historia. Sólo se necesita el lugar y la actitud correcta para que "una pequeña chispa pueda hacer arder un gran fuego".

La historia de Elías está íntimamente relacionada con el día en que este varón devolvió el corazón de su nación al Dios verdadero.

Leemos en 1 Reyes 18:30 NTV

"Entonces Elías llamó a la gente: «¡Vengan acá!». Así que todos se juntaron a su alrededor, mientras él reparaba el altar del Señor que estaba derrumbado".

El profeta Elías, como instrumento de Dios para su pueblo, sabía la condición de su nación frente a Dios, reconocía que su pueblo inducido por los profetas de Baal había ido tras el paganismo y la idolatría apartándose de Dios.

Conocemos la historia, en donde en aquel Monte Carmelo Dios fue glorificado y quitada la confusión. Y el pueblo volvió al Señor.

Ahora, quiero subrayar la determinante conducta del profeta, quien no titubeó, sino que con gran pasión y autoridad fue el canal del cielo para que Dios apareciera en escena.

Hoy se necesitan "profetas" que con pasión y determinación en su corazón sean esos altares para que la Gloria de Dios se manifieste en cada escuela, universidad, oficina, club, etc.

El altar era muy representativo en la vida de aquellos hebreos y estaba derrumbado. Este no solo era un lugar de sacrificio y rendición a Dios, sino también era calor, alimento y luz para la vida del sacerdote. Hoy ocurre lo mismo en aquellos que viven su altar a diario, donde la experiencia del cielo se hace manifiesta en cada corazón determinado a ser conducido por Dios. Hay un fuego que se enciende y consume todas aquellas distracciones y motivaciones que nos separan de nuestro Padre.

"La experiencia del cielo se puede hacer manifiesta en cada corazón".

No somos nosotros los que provocamos el fuego, sino Dios que en su gracia decide habitar cada corazón que depende solo de Él.

Ese fuego es el Espíritu Santo que viene y gobierna toda tu

vida impregnándote del perfume de Su presencia, bautizándote de Su poder y conduciéndote a un nuevo tiempo.

Se necesita fuego

Fuego de Dios para no ceder ante el cansancio, las rutinas, las presiones, etc. Se necesita ese fuego de Su Presencia para no claudicar y mantenernos en el llamado y cumplimiento del propósito.

Sin fuego solo quedan cenizas, solo evidencias de un tiempo glorioso, pero pasado…

El Espíritu Santo quiere. ¿Estás dispuesto? Él está aquí, deseoso, expectante por lo que viene, por lo que hará.

Aquel 2013…

En el año 2009, tuve el privilegio de comenzar junto a unos amigos con una actividad llamada Passion Day, con la intención de promover nuestra pasión por Jesús. La convocatoria se extendió a toda la Iglesia de distintas localidades. El edificio de la "Iglesia Cristiana Bíblica" (ICB) de la calle Bermúdez al 3000, de Capital Federal, del pastor Héctor Petrecca, fue el epicentro ya que amablemente nos apoyó brindando todas las instalaciones para llevar adelante dicho fin. Lo llevamos a cabo junto a pastores y amigos como Lucio Mella, Mariano Pereda, Ariel Costantino, Guille Lo Forte, Hernán Danolfo, Ariel Coronel, Ale Gómez y Gabriel Labiunda.

Fue así como iniciamos esta locura de compartir lo que estábamos experimentando por aquel entonces porque a causa de nuestra búsqueda de la presencia de Dios comenzamos a vivir un tiempo de tal renovación espiritual y a ver cambios tan profundos en nuestro carácter, que se nos tornó imperioso contárselos a otros. Necesitábamos hacer saber la plenitud que vivíamos en cada encuentro.

Pero aquella iniciativa pequeñita fue creciendo. Hasta el punto en que en el año 2012, tuve un llamado que me sorprendió. Trabajando en la radio de la Iglesia, como solía hacerlo por aquel momento, sonó el teléfono. No era una voz cualquiera, era el pastor Ale Gómez, un amigo, un hombre de Dios, quien me dijo:

"Emanuel, este año queremos involucrarnos con Lali (su esposa) y el ministerio Jesús Warriors con el proyecto de ustedes de manera más significativa que como lo venimos haciendo"

Así, de ese modo, lo que comenzó en un edificio, se transformó en algo que iba más allá de lo que yo podría haber organizado o imaginado. Dios extendió mis límites.

Passión Day cambiaba de escenario. Se mudaba a "El Sembrador" un parque mítico ubicado en Máximo Paz, a 47Km de la Ciudad de Buenos Aires que ha sido escenario de muchos eventos de primer nivel y también de retiros y campamentos de la Iglesia.

Un día, bajo el lema Passion Day, y junto a más de 1800 jóvenes celebramos nuestra pasión por Jesús a través de diferentes expresiones como el deporte, la amistad, el arte, la música y todo tipo de manifestaciones.

El movimiento de Passion Day fue creciendo con el correr de los años tornándose en un clásico anual donde jóvenes de todo el país llegaban ansiosos de vivir una jornada diferente.

Pero algo ocurrió. Terminado el evento del año 2013, no pude dormir. Y no se trataba de cansancio post evento, Dios tenía cosas por decir. Así que como tantas veces lo hice de madrugada, le presté mis oídos a Dios…

Los eventos no ameritaban cambio alguno, iban viento en popa. El número de asistentes era significativamente creciente y las repercusiones aumentaban. Pero también así como este "combo" se agrandaba, así, de igual modo, algo estaba creciendo en mí y aunque no se notara, yo lo percibía.

De quien les estoy hablando es de alguien que ha sabido ganarse un lugar en muchas plataformas y escenarios de nuestras comunidades…

Rara vez se lo menciona, pero se nota, no pasa desapercibido.

Damas y caballeros, de quien les estoy hablando es del EGO. Conocido vulgarmente como el YO.

Sí, palabra pequeña, aparentemente inofensiva, pero que en mí apareció con inusitada relevancia. Eso es lo que yo comencé a percibir con honda preocupación.

"Ego, se llama cuando el talento o la habilidad predomina sobre el carácter. Dios no busca talento, El busca carácter"...

Dios me habló muy claro esa madrugada del 22 de septiembre del 2013. La palabra que me mencionó fue inolvidable: AUSTERIDAD. Palabra que sigue resonando en mis oídos cada día…

Nótese que ella tiene por significado: Sencillez y moderación. Características propias de la persona austera. La palabra austeridad se utiliza cuando nos queremos referir a la modestia.

Y de eso se trataba: de volver a la esencia, de apagar las luces, de bajar los decibeles, de bajar del pedestal y liberarme de las estridencias. Y sobre todo de volver a lo apacible, a lo sereno, a lo austero.

Solo aquel que fue víctima de su propio EGO, sabe distinguirlo, y puede reconocerlo a kilómetros de distancia.

Como dice el refrán: "Dime de qué te jactas y te diré de lo que careces"

Pareciera que la cristiandad se tratara de proyectos que

estén determinados por presupuestos y disposiciones acordes a los parámetros de este mundo. Pareciera que el "éxito ministerial" dependiera del caudal de asistentes y repercusiones de prensa que se genera alrededor de la gestión. Pareciera que la difusión es lo que determina el "éxito" y el perfil de tal o cual ministerio o persona.

La generación "Selfie"

En 1826, con el fascinante mundo de la fotografía nacía una pasión de recorrer diferentes lugares y retratar momentos para guardarlos en algún álbum de recuerdos y exponerlos en alguna juntada familiar o de amigos. ¿Quién se imaginaría que la fotografía, el genial descubrimiento del científico francés Joseph Nicephore Niepce, sería tan importante? Él descubrió que con la utilización de una cámara oscura y un soporte sensibilizado mediante el empleo de una emulsión química de sales de plata, obtendría una fotografía. Comprobó que con ocho horas de exposición a plena luz del día se podían obtener imágenes. ¿Pero alguien imaginaría por entonces que hoy estaría al alcance de cualquier persona mediante un celular, una tableta o una cámara digital?

Yo recuerdo que cuando niño, mi familia había adquirido una de las más novedosas cámaras de fotografías instantáneas. Se llamada "Polaroid", la cual permitía generar una fotografía y al momento visualizarla por su novedoso proceso de revelado. Pero lo costosos que eran los rollos hacía que uno cuidara bien el momento de usarla.

De igual modo sucedía con las cámaras convencionales, donde uno después de consumir el rollo de 12, 24 o 36 fotografías corría al centro de revelado con expectativas para encontrarse con las esperadas fotos tomadas. Vaya disgusto que uno se llevaba ante la noticia que aquellas tomas retratadas se habían perdido o estaban fuera de foco…

Hoy, estas viejas anécdotas, son motivo de admiración para esta nueva generación, la cual con la fotografía digital, no solo logran su mejor toma, sino también editan y diseñan su propio arte, y está muy bien…

Antiguamente, los retratos de lugares, reuniones de familias o amigos eran los que más cotizaban en la bolsa de recuerdos… Donde uno podía ver en esas tomas un sin fin de emociones expresadas en multicolores formas.

Es más, se vivía el desafío de encontrar a alguien que se dispusiera a tomar la fotografía para no quedar excluidos del momento a retratar. Porque, ¿se dio cuenta que cuando miramos una foto lo primero que tratamos de ubicar es a nuestra propia persona?

Los sociólogos tendrían que volver a definir esta sociedad donde se manifiesta claramente el Ego en todos los retratos de esta maravillosa película llamada vida.

Hoy tenemos la "Selfie", donde ya no es lo importante el

paisaje o el encuentro, sino como me veo yo en el lugar o en el encuentro…

Tristemente, esto desnudó una crisis en la estima de las personas, pero aún más manifestó la crisis de la Iglesia, donde pareciera que nuestras estructuras son las importantes y después el resto…

"Para que Dios te use, primero tiene que tratar con tu Ego! Cuanto más anónimo, mas brilla Su Nombre! "Ya no vivo yo…" "Bajate de la vidriera"

¿Qué nos ha pasado?

¿Cuándo fue que perdimos el rumbo?

¿Quién nos dijo que la Iglesia es un gran escenario, con luces, sonido, música…y aplausos?

¿Quién nos dijo que la profundidad del conocimiento está en la exégesis de las palabras?

¿Cuándo tuvimos la necesidad de buscar términos novedosos para hacer de nuestros "discursos" algo atractivo?

"Paternidad, asignación, activación, Intimidad, declaración, etc, etc, etc…"

Como si fueran estas por sí mismas las que producen un cambio en la vida de quien las comparte o quien las recibe.

Necesitamos volver del ruido!

Prestemos los oídos a Dios. Él tiene mucho por decirnos. Pero a causa de tanto ruido, tanto programa, se le hace difícil poder hablarnos.

La diferencia en este tiempo no la hacen los que hablan, sino los que escuchan.

¡Necesitamos menos bocas y más oídos!

"Mas Jehová está en su santo templo; calle delante de él toda la tierra" Habacuc 2:20

Estamos tan acostumbrados a hablar, que no damos a Dios la oportunidad de expresarse.

Nuestros encuentros de oración están definidos y calificados por personas que en la medida que se enardecen empiezan a decir mucho y alzan su voz… y una vez expresado todo se abrazan y se despiden del recinto diciendo: ¡Qué buena estuvo la reunión! Cuando Dios dice: ¿Y a mí cuándo me dejarán expresar? ¿Cuándo me permitirán hablar?

"La diferencia en este tiempo no la hacen los que hablan, sino los que escuchan"

Somos tan especialistas en trazar estrategias y definir proyectos, que solo vamos a Dios como quien busca patrocinio económico para el logro de sus proyectos. Cuando en realidad Jesús nos enseñó a orar diciendo:

"Venga tu Reino, hágase tu voluntad"

Cuando Dios tiró la religión del caballo

Pablo, el apóstol con mayor reconocimiento en el Nuevo Testamento, fue tratado por Dios en una experiencia que pocas veces es predicada en nuestras "convenciones de liderazgo"

Dios lo tiró del caballo para comenzar algo nuevo en su vida. Y puedo asegurar algo: si Dios va a comenzar algo nuevo contigo ¡bájate del pony!

Pablo estaba convencido que estaba sirviendo a Dios, pero se encontró con Jesús camino a Damasco.

Veamos Hechos 9:1-6:

Saulo, respirando aún amenazas y muerte contra los discípulos del Señor, vino al sumo sacerdote, y le pidió cartas para las sinagogas de Damasco, a fin de que si hallase algunos hombres o mujeres de este Camino, los trajese presos a Jerusalén. Mas yendo por el camino, aconteció que al llegar cerca de Damasco, repentinamente le rodeó un resplandor de luz del cielo; y cayendo en tierra, oyó una voz que le decía: Saulo, Saulo, ¿por qué me persigues? El dijo: ¿Quién eres, Señor? Y le dijo: Yo soy Jesús, a quien tú persigues; dura cosa te es dar coces contra el aguijón. El, temblando y temeroso, dijo: Señor, ¿qué quieres que yo haga? Y el Señor le dijo: Levántate y entra en la ciudad, y se te dirá lo que debes hacer.

¿Por qué me persigues?

La religión era la matriz que gobernaba el celo del apóstol Pablo, cuyo curriculum era intachable ante la atenta mirada de la sociedad, pero no para Dios.

Dios lo tiró del caballo que se llamaba Ego y comenzó un trato para con él que fue tan significativo en su historia que terminó por decir que todo lo estimaba por basura a fin de ganar a Cristo.

"Así es, todo lo demás no vale nada cuando se le compara con el infinito valor de conocer a Cristo Jesús, mi Señor. Por amor a él, he desechado todo lo demás y lo considero basura a fin de ganar a Cristo". Filipenses 3:8 NTV

Pablo se encontró con un perfil de Dios que no era lo que creía conocer. Un Dios rígido, severo, firme. Se encontró con un Dios "sencillo", "austero", de "perfil bajo", que no andaba presumiendo su realeza, ni su conocimiento. Alguien que no se jactaba de su trayectoria ni de los kilómetros recorridos, ni de países o ciudades visitadas. Solo alguien que solía decir: "LO QUE MI PAPÁ DICE, ESO HAGO"

Si alguien supiera que Jesús se alejó nada más que 40 kilómetros en todo su ministerio… y solo iba donde el Padre le decía. No necesitaba agente de prensa.

¿Será que la Iglesia está camino a Damasco?

Volvamos a la sencillez, y con esto no quiero resistir las herramientas con las que hoy contamos para facilitar el mensaje que se nos ha encomendado. Sino simplemente revisemos las motivaciones y discutamos si las formas utilizadas son las que Jesús emplearía.

En Damasco cambio la vida de Pablo, ya que fue confrontado con la VERDAD, que no es un libro, ni una lección. Es una Persona. JESUS ES LA VERDAD. Y Jesús le dijo a Pablo lo que debía hacer.

"La verdad no es una lección, ni un libro… la verdad es una Persona: Jesús"

¿Qué quieres que haga?

Y de eso se trata. De hacer lo que Dios quiere…

Mi vida comenzó a cambiar a raíz de ese confrontamiento con lo que Dios me dijo esa madrugada cuando me habló del ego. Hoy puedo decir a modo de título:

"Pastor evangélico recibió a Cristo en su corazón"

Vivía de acuerdo a una matriz que fue legada de generación a generación, donde mal aprendimos formas y métodos. Y olvidamos que la diferencia no lo hace el protagonismo que yo obtenga, o cuán importante es mi nombre, o a cuántos congresos o congregaciones visito al año, sino qué lugar ocupa Dios en todo ese protagonismo.

El Evangelio es una buena noticia y todos aquellos que la escuchan, son alegrados. Ahora, no hace falta hacer tanto ruido para darla. Solo necesitamos acercarnos y creer que Dios hace maravillas donde se le da lugar.

Quizás al igual que yo, no recibiste a Cristo, sino una religión, donde todo se basa en lo que el hombre puede hacer, y no en lo que Cristo ya hizo.

Es hora de reconocer que la vida de Cristo es un yugo fácil y una carga ligera... todo lo demás es obra del hombre.

Despojarse...

La adoración celestial tiene una característica fundamental, vemos en el libro de Apocalipsis 4:10-11:

"Los veinticuatro ancianos se postran delante del que está sentado en el trono, y adoran al que vive por los siglos de los siglos, y echan sus coronas delante del trono, diciendo: Señor, digno eres de recibir la gloria y la honra y el poder; porque tú creaste todas las cosas, y por tu voluntad existen y fueron creadas".

Cuán lejos estamos de esos veinticuatro ancianos que rodean al trono. Pero si estuviéramos cerca, necesitaríamos quitarnos esas "coronas" y devolverle a Dios el lugar que se merece. Pareciera que es su obra, pero quienes están en los pedestales somos nosotros… ¡Por favor, al único lugar donde debemos subirnos día tras día es a la Cruz!

¡Por favor al único lugar donde debemos subirnos día tras día es a la Cruz!

Devolvámosle a Cristo el lugar que se merece. Dejemos nuestras coronas y ropas reales y levantemos Su nombre.

Bajémonos de la vidriera, descolguemos los carteles luminosos y levantemos Su nombre. Es hora de devolverle la Iglesia a Jesús!

"Es hora de devolverle la Iglesia a Jesús"

El modelo original

Los cristianos primitivos no contaban con los adelantos tecnológicos que hoy cuenta la "Iglesia". Ellos no tenían un lugar físico fijo donde reunirse, es decir no había un domicilio donde fuera reconocida.

No contaban con sistemas de sonido, ni iluminación profesional. No había instrumentos musicales, ni músicos profesionales, no tenían Registro de Culto ni personería jurídica.

Pero aunque carecía de todos estos ingredientes de nuestras "avanzadas" Iglesias, contaba con la manifestación real del poder del Espíritu Santo.

Nosotros seguimos admirando a la Iglesia primitiva, cuando ella debería admirarnos a nosotros.

Ciento veinte personas reunidas en un primer piso mantuvieron una constante hambre y búsqueda en oración, adoración y clamor durante cuarenta días a causa de una promesa de la venida del Espíritu Santo.

Hoy suele entristecerse cualquier pastor o encargado del ministerio de oración de cualquier Iglesia local a causa de la falta de interés por encuentros como estos. Y nos preguntamos: ¿por qué la Iglesia no impacta a la sociedad como en aquellos días?

"Nosotros seguimos admirando a la Iglesia primitiva, cuando ella debería admirarnos a nosotros"

Volvamos al origen, donde todo comenzó. A los senderos antiguos. Es allí donde encontraremos la ansiada respuesta de esta "maquinaria" llamada Iglesia que no hace más que entretener. O dar pequeñas dosis de alivio espiritual a cualquier transeúnte que se llega a ella.

Leemos en el libro de Hechos que la iglesia comenzó con la venida del Espíritu Santo.

"El día de la fiesta de Pentecostés, los seguidores de Jesús estaban reunidos en un mismo lugar. De pronto, oyeron un ruido muy fuerte que venía del cielo. Parecía el estruendo de una tormenta, y retumbó por todo el salón. Luego vieron que algo parecido a llamas de fuego se colocaba sobre cada uno de ellos. Fue así como el Espíritu Santo los llenó de poder a todos ellos, y enseguida empezaron a hablar en otros

idiomas. Cada uno hablaba según lo que el Espíritu Santo le indicaba". (Hechos 2:1-4 NTV)

Algo ocurrió ese día que cambió la historia de la humanidad. Fue la manifestación pública de lo que se les había prometido. A causa de lo que ellos experimentaron pudieron ser testigos.

Yo me río cuando muchas veces con buenas estrategias y planificación queremos extender y compartir de lo que no hemos experimentado. ¿Cómo podemos testificar de lo que no hemos visto? ¿Cómo podemos enviar a otros a compartir lo que no han vivido?

No se trata de incentivar y movilizar bajo consignas atractivas para hacer adeptos o que hermanos entusiastas trasmitan un mensaje. No es una estrategia de liderazgo ni mucho menos una visión del departamento de evangelismo. Se trata de entender que la misión somos nosotros en cada lugar en donde nos desarrollamos.

No podemos conducir a nadie donde no hemos estado. No podemos contar de lo que no hemos vivido. No "contamos" testimonios, somos un testimonio vivo.

"No podemos conducir a nadie a dónde no hemos estado"

Debemos entender que quien convence al mundo es el Espíritu Santo a través de nuestro testimonio. No somos portadores de un mensaje, sino somos "el mensaje", somos los Cristos resucitados…

Algo tiene que ocurrir. No podemos ver que los días pasan y seguir añorando los tiempos pasados. La necesidad por ver a Dios obrar es más que un anhelo de unos pocos, es el deseo del Padre por ver Su gloria descender y manifestarse entre nosotros.

El sacerdocio esta descuidado

Aunque la Biblia menciona ministerios determinados como apóstoles, profetas, evangelistas, pastores y maestros, (Efesios 4:11), la responsabilidad del sacerdocio le fue confiada a cada uno de nosotros.

"Y vosotros me seréis un reino de sacerdotes, y gente santa. Estas son las palabras que dirás a los hijos de Israel". (Éxodo 19:6)

"Mas vosotros sois linaje escogido, real sacerdocio, nación santa, pueblo adquirido por Dios, para que anunciéis las virtudes de aquel que os llamó de las tinieblas a su luz admirable". (1 Pedro 2:9)

"y nos hizo reyes y sacerdotes para Dios, su Padre; a él sea gloria e imperio por los siglos de los siglos. Amén". (Apocalipsis 1:6)

En el Antiguo Testamento, el sacerdote era el responsable de velar no solo por su vida, sino también por la de su pueblo. Hoy pareciera que esa tarea es señalada para el pastor o líder de la congregación a la que asistimos. Donde cada servicio en que nos congregamos, el pastor saca el inflador y aviva esa llamita que se está apagando y donde te volvés a tu casa hasta la próxima "dosis de abanico" que te toque en el próximo servicio. Y así andamos… de abanico en abanico…

Tenemos que reaccionar, tenemos que despertar que a través del Nuevo Pacto, es decir, el sacrificio de Cristo en la cruz y resurrección de los muertos, todos tenemos libre acceso a Su presencia. Es nuestra la responsabilidad, no del pastor…

Ponemos demasiado énfasis en cosas temporales y descuidamos las eternas, entrenamos nuestro cuerpo y descuidamos el alma.

No podemos dejar de alimentar nuestro espíritu, no podemos descuidar la relación con Dios.

"Ponemos demasiado énfasis en cosas temporales y descuidamos las eternas, entrenamos nuestro cuerpo y descuidamos el alma".

Ahora…

Este es el día, esta es la hora, no es casualidad, has llegado hasta aquí, no dejes pasar esta nueva oportunidad… preséntate ahora mismo en Su Presencia y comienza a llenarte de Él. Su Espíritu está dispuesto y te cubrirá con su poder…

Has un alto en tu vida, no sigas adelante sin su llenura. Dios quiere renovarte y darte nuevas fuerzas.

"Si la vida te pone de rodillas, será una excelente posición para depender de Dios".

Él está aquí. Él se manifiesta donde se le reconoce. Nada nos puede separar de su amor. ¿Nuestras faltas? Son perdonadas, su amor no tiene vencimiento. Dios nunca desprecia a un corazón rendido.

El fuego arderá continuamente

En el libro de Levítico 6:13 leemos:

"El fuego del altar debe estar siempre encendido. Se trata de un fuego que nunca debe apagarse".

¿Por qué Dios le dice esto a Moisés?

Porque sabía que era lo común, lo que ocurría. Pero para esto Dios había puesto un sacerdote quien velaba por la vida del "Altar" del pueblo, para que este fuego no se redujera a cenizas.

Dice el viejo dicho: "Donde hubo fuego, cenizas quedan", aunque el fuego tiene sus virtudes, suele dejar cenizas.

Traigo en mis antepasados un hombre de campo, me gusta lo artesanal y he tenido el privilegio de construir en mi última casa un hogar a leña. Y sabe Dios lo rico que es pasar una tarde de invierno junto al fuego. Si no lo has probado te estas perdiendo una muy linda experiencia.

Lo que para nosotros suele ser un ameno ambiente climatizado, en aquellos días el Altar encendido era sinónimo de luz, calor y alimento, ya que el sacerdote comía de la ofrenda ofrecida a Dios. (Levítico 7)

Tenemos la responsabilidad de velar por nuestro Altar a diario. Veamos la directiva de Dios a Moisés para el cuidado del Altar:

Dios también le ordenó a Moisés que diera las siguientes instrucciones a los sacerdotes: Levítico 6:9-12

"Las ofrendas que se presentan para ser quemadas en mi honor deben quedarse toda la noche sobre el fuego del altar, hasta quemarse completamente. El sacerdote se pondrá su túnica y su ropa interior de lino, y luego de recoger las cenizas de la ofrenda quemada las depositará a un costado del altar. Después de eso se cambiará de ropa y llevará las cenizas a un lugar especial fuera del campamento".

El cuidado del fuego demandaba sacar a diario las cenizas.

Las cenizas ahogan el fuego y esto no deseaba Dios para su pueblo.

Solo aquellos que han sentido el fuego del Espíritu Santo no quieren las cenizas en su vida. Pero hoy el Espíritu está soplando como viento recio quitando de tu vida toda ceniza que detiene lo que Dios quiere hacer en tu vida.

Esto despierta una inquietud en el corazón de Dios.

¿Qué le dejamos a las futuras generaciones?

¿Les dejamos fuego o cenizas? ¿Le dejamos Espíritu o tradiciones? Pero de eso vamos a hablar más adelante…

Tenemos que ser responsables de cuidar no solo ese fuego que nos mantiene vivos, sino considerar que hay un surco que dejamos en cada paso que transitamos y deja huellas.

Debemos considerar las palabras bíblicas cuando en Salmos 119:105 dice:

"Lámpara a mis pies es tu Palabra y lumbrera en mi camino"…

Debemos entender en el contexto en que se desarrolla tal pensamiento. En aquellos tiempos no contaban con alumbrado público y los senderos a transitar no eran urbanizados como en la actualidad. Para ello, la importancia de contar con un candelabro a la altura de los pies que alumbrara cada paso y que los advertía de ataques de alimañas…

"Cuando uno prende una luz, no solo ilumina su ambiente, sino también trae claridad a su entorno"

Tenemos que mantener ese fuego encendido. Es nuestra responsabilidad. Ahí se purifican las motivaciones del corazón y se renuevan las fuerzas.

Hay un entrenamiento diario que mantiene nuestros cuerpos saludables, ¿y qué de nuestro espíritu? ¿Cuál es tu rutina? ¿Ejercitas tu espíritu? ¿Lo alimentas?

Es hora de reconstruir, avivar, encender... llegó el tiempo... ¡es AHORA!

Aceite para las lámparas

"Habló Jehová a Moisés, diciendo: Manda a los hijos de Israel que te traigan para el alumbrado aceite puro de olivas machacadas, para hacer arder las lámparas continuamente". (Levítico 24:1-2; Éxodo 27:20-21)

Dos veces Dios le habla a Moisés diciendo que no descuidaran del aceite para el alumbrado de las lámparas. No era cualquier aceite, era aceite puro de olivas machacadas... No voy a dedicarme a profundizar sobre el fruto de la oliva machacada, pero sí creo que eso habla de proceso y no de cualquier forma.

Me gustaría subrayar la insistencia de Dios afirmando que estas lámparas no se apagaran.

Yo recuerdo, cuando niño, que mi mamá decía solo una vez lo que quería, a lo sumo dos veces, pero ya no se hablaba en la tercera.

¿Será que Dios, conociendo quienes somos, necesita continuamente recordarnos acerca de lo que no deberíamos descuidar?

"No existe mal tiempo, solo ropa inadecuada"

Estamos en un tiempo de oportunidades. No existe mal

tiempo, solo ropa inadecuada. Y podemos comenzar a establecer principios que Dios dice que son buenos para nosotros y las futuras generaciones.

Debemos entender que es nuestra responsabilidad como sacerdotes de Dios no permitir que ese aceite se consuma, ya que si este se gasta, se quema la mecha… y eso es lo que ocurre en nuestra realidad, cuando andamos sin el aceite, y nos encontramos desgastados y sin fuerzas haciendo lo que Dios nos encomendó.

Superficial para el mundo pero profundo para el Cielo

Ahora me pregunto: ¿Por qué dejamos de cuidar lo que es fundamental para una vida plena? ¿Por qué le ponemos tanto énfasis a lo superficial y temporal y no atendemos los profundo y eterno?

A veces ponemos el corazón en causas que no tienen sentido ni propósito en esta vida. Tratamos por todos los medios de trascender en cuanto a relaciones y reconocimientos en diferentes ámbitos naturales, pero fallamos en ser reconocidos en el ambiente espiritual y eterno.

Buscamos incansablemente la aprobación entre los pares y desatendemos la verdadera aceptación de Dios.

Acondicionamos nuestra vida a posturas y lenguajes de la

moda terrenal, y estamos desactualizados y desprolijos para el mundo espiritual.

Carentes de identidad celestial y eterna, buscamos aceptación, pertenencia y aprobación en logros y posesiones temporales.

Nuestra falta de relación con Dios ha desatado una fuerte crisis de identidad que nos ha conducido tristemente a conductas gobernadas por ideales y posturas que nada tienen que ver con los propósitos de Dios para estos tiempos.

Es tiempo de acercarnos a Dios y recomponer no solo nuestro origen y pertenencia, sino el rumbo a tomar cada día y callar tantas voces que se levantan desde el alma.

Una añoranza del Cielo

Si existen recuerdos gratos en el cielo, si hay lugar para la añoranza, es ese "cada vez" que Dios se paseaba por el huerto, cada mañana y tarde para encontrarse cara a cara con el hombre. Donde Dios disfrutaba de la comunión y el hombre de la bendición de Su compañía.

Fuimos creados para tener comunión con Dios y ese espacio está vacío y solo Dios lo puede llenar.

Esta añoranza fue el llanto de un Padre desconsolado que durante miles de años sufrió la separación de Adán con Él.

Al punto que envió a Jesús a saldar el precio del rescate para restaurar el vínculo quebrado. Como si la lluvia fuera el precedente de las lágrimas del Padre por la separación con sus hijos. Esta añoranza fue el despojo de una comunión que traía mucho más que un momento de placer, era vida, comunión e identidad en nuestras vidas.

El hombre escogió el ruido, la distracción, el entretenimiento a fin de poder saldar ese vacío que solo lo llena el Espíritu Santo.

No hay otra manera, no existe otro modo. Fuimos creados con un vacío, con una nostalgia que solo Dios puede llenar y esta añoranza está despertando una inconformidad en tu espíritu que viene movilizando todo tu interior. El pecado nos alejó de Dios, pero la Gracia por medio de Jesucristo nos lleva nuevamente a casa.

Hoy, el vínculo fue restaurado a través del paso de Jesús por la cruz, nuestro Sumo Sacerdote. Y la casa del Padre está abierta, disponible, cualquiera que sea el momento y circunstancia para todos aquellos que necesitan retornar a donde todo comenzó y volver a experimentar la virtud de ser su hijo.

Leamos Hebreos 4:14-16 (NTV):

"Por lo tanto, ya que tenemos un gran Sumo Sacerdote que entró en el cielo, Jesús el Hijo de Dios, aferrémonos a lo que creemos. Nuestro Sumo Sacerdote comprende nuestras debilidades, porque enfrentó todas y cada una de las pruebas que enfrentamos nosotros, sin embargo, él

nunca pecó. Así que acerquémonos con toda confianza al trono de la gracia de nuestro Dios. Allí recibiremos su misericordia y encontraremos la gracia que nos ayudará cuando más la necesitemos".

Necesitamos enfocar nuestra vida en lo importante, en lo que nos hace verdaderamente plenos. Su Presencia es nuestro hogar.

"Allí recibiremos su misericordia y encontraremos la gracia que nos ayudará cuando más la necesitemos".

Este es el momento… tomate un instante… vuélvete, el Padre te espera.

Jesús quiere recordarnos algo

Veamos ahora lo que Jesús quería enseñarle no solo a esos primeros discípulos que estaban con Él, sino también a nosotros. Descubramos el anhelo de su corazón…

Jesús se encontraba a punto de ser entregado para ser crucificado.

Él les indicó acerca de un "aposento alto" que se había preparado para que pasaran un "momento" diferente, donde lo que se iba a privilegiar era la amistad y la comunión. Veamos:

"Él contestó:

—En cuanto entren en Jerusalén, les saldrá al encuentro un hombre

que lleva un cántaro de agua. Síganlo. En la casa donde él entre, díganle al dueño: "El Maestro pregunta: ¿Dónde está el cuarto de huéspedes en el que puedo comer la cena de Pascua con mis discípulos?". Él los llevará a un cuarto grande en el piso de arriba, que ya está listo. Allí deben preparar nuestra cena. Ellos fueron a la ciudad y encontraron todo como Jesús les había dicho y allí prepararon la cena de Pascua.

Cuando llegó la hora, Jesús y los apóstoles se sentaron juntos a la mesa. Jesús dijo: «He tenido muchos deseos de comer esta Pascua con ustedes antes de que comiencen mis sufrimientos. Pues ahora les digo que no volveré a comerla hasta que su significado se cumpla en el reino de Dios". (Lucas 22:10-16)

Él había preparado un lugar desde la eternidad para volver a encontrarse con el hombre más allá de lo cotidiano, la rutina y la distracción.

Dios, a través de Jesucristo, estaba entregando más que salvación, estaba dando de su intimidad para restaurar ese vínculo que el pecado había destruido.

Es por eso que necesito un lugar y una hora señalada para dejar una lección que hasta el día de hoy necesitamos seguir aprendiendo y practicando:

"A Dios no le importó el precio de Su Hijo, a fin de volver a tenernos cerca"

Un lugar para el encuentro

Este relato nos cuenta acerca de que Dios siempre prepara un lugar para encontrarse contigo, para disfrutar de tu compañía, sin importar el precio. Él está expectante y ha servido la mesa para disfrutar de una relación íntima y afectuosa como todo amigo desea tener.

Lo que ocurrió horas después cambió la vida de estos varones que trastornaron al mundo.

Aprendieron amar lo que Dios amaba, y eso es suficiente para sentirse pleno.

Veamos:

"Después los apóstoles regresaron del monte de los Olivos a Jerusalén, a un kilómetro de distancia. Cuando llegaron, subieron a la habitación de la planta alta de la casa donde se hospedaban. Estos son los nombres de los que estaban presentes: Pedro, Juan, Santiago, Andrés, Felipe, Tomás, Bartolomé, Mateo, Santiago (hijo de Alfeo), Simón (el zelote) y Judas (hijo de Santiago). Todos se reunían y estaban constantemente unidos en oración junto con María, la madre de Jesús, varias mujeres más y los hermanos de Jesús". Hechos 1:12-14 (NTV)

Aprendieron a "morar", como dice la versión RV1960, y permanecer en el lugar donde Dios había intimado con ellos.

Es mucho más que un lugar físico, es una habitación, un ámbito creado aun por las muchas circunstancias que nos conducen a un refinamiento espiritual, donde todo cobra sentido en nuestra vida en la medida que somos tratados por el Espíritu Santo.

Observe que la palabra "morar" es mucho más que "visitar", esta trae consigo adjunto un sin fin de experiencias. Hay momentos y situaciones en nuestra vida, que parecieran no tener sentido ni propósito, pero son esos íconos que marcan nuestra historia, donde Dios se nos manifiesta de manera asombrosa e inexplicable cambiando nuestro enfoque de vida, nuestras relaciones y nuestro lugar de permanencia.

La habitación Dios, un lugar de permanencia

El lugar de permanencia tiene que ver con el lugar que amamos y con el cual nos identificamos. Y este dista muchas veces de nuestro lugar de origen.

Constantemente estamos persiguiendo ese lugar y esa experiencia que nos devuelva la "sensación" de llenura que solo Dios puede darnos.

Necesitamos revisar nuestro mapa de ruta y descubrir que estamos dando vueltas sobre la misma necesidad. Una necesidad recurrente que se disfraza a diario de diferentes colores y sabores, pero que siempre nos vuelve a dejar vacíos.

Solo la comunión con el Espíritu Santo nos da la

gratificación y plenitud que el pecado nos robó. Démosle a Él la libertad de conducirnos a la Casa del Padre donde hay una mesa servida y disfrutemos de su amistad y compañía.

"Solo la comunión con el Espíritu Santo nos da la gratificación y plenitud que el pecado nos robó".

Tristemente hemos caído en el sutil sistema de este mundo, el cual nos influye a diario a través de mensajes sensuales que bombardean nuestra genuina razón de ser, desviándonos a una necesidad constante de consumir un sin fin de "cosas" con el único propósito de hacernos sentir pleno.

Las pautas publicitarias son creadas con el único fin de generar en el consumidor la necesidad de experimentar el "producto" para gozar de la sensación de plenitud.

Antiguamente los publicistas trabajaban con el fin de difundir un producto y sus cualidades. Hoy estos artífices de la ilusión, crean en los individuos conductas desenfrenadas al hacerles creer que quienes tienen tales "productos" disfrutan de pertenecer a una élite y gozar de cierto reconocimiento y status.

Ahora, en base a esto, podríamos decir que "la habitación de Dios" tiene muy mala prensa, debido a que pareciera difícil, sacrificado y aun extraordinario permanecer en ella. Algo anda mal… Hemos perdido el rumbo y Dios nos anda buscando.

"La habitación de tu casa he amado y el lugar de la morada de tu

gloria". (Salmos 26:8)

David declara: la habitación de tu casa he amado y no la cocina… ¿Será que detrás de estas sencillas palabras el salmista desea enseñarnos algo?

En la arquitectura de hoy, los diseñadores de casas suelen proyectar cocinas más amplias y luminosas: living comedor grande, baños que demandan mucho dinero por los costos de la grifería, sanitarios y demás, pero la tendencia siempre fue que las habitaciones suelen ser lo más pequeño de la casa y demandan los menores costos en comparación con el resto de los ambientes.

Los ambientes están diseñados para desarrollar en cada momento del día y de acuerdo a las circunstancias, actividades diferentes. Es decir, cocinamos en la cocina, nos higienizamos en el baño y dormimos en las habitaciones. Pero notemos que David realza la virtud de la habitación de Dios al decir: la habitación de Dios he amado, el lugar de la morada de tu gloria.

Nuestra habitación es un lugar muy especial. Llegamos al mundo y nuestros padres preparan ese cuarto con muebles, colores y cortinas especiales. Así crecemos con todo tipo de juguetes y nuestra infancia se vuelve una aventura de princesas y superhéroes. Llega nuestra adolescencia y es nuestro bunker, el lugar secreto donde tramamos sueños, aventuras y también nos escondemos. Pero toma total trascendencia en la intimidad de un matrimonio.

Dios desea tener tiempo de calidad con sus hijos. Dios desea enseñarnos sus secretos. Y para esto necesitamos tiempo y espacio.

"La verdadera espiritualidad no es ruidosa, es profunda y produce cambios notorios".

Volvamos del ruido. Entendamos que la excelencia de nuestra adoración, no la hace nuestra instrumentación, armonía o jerarquía musical. La diferencia en nuestra adoración la marca nuestra integridad y rendición a Dios.

Actualización de Estado

En el mundo de la tecnología existe un continuo avance que demanda una actualización en estado permanente. Esta actualización es imprescindible para poder seguir funcionando.

Así se actualizan los softwares (programas), los reproductores y hasta los antivirus. De esta manera permitimos un constante intercambio de información y a su vez nos libramos de cualquier amenaza de fraude e intoxicación de datos no deseados.

Hagamos un poquito de historia...

Hoy contamos con sistemas de almacenamientos en valores

de "Terabytes", (millones de unidades mínimas de almacenamiento) a los cuales no vamos a explicar en detalles, pero si vale aclarar que en los años 80, en la Argentina, estábamos asombrados por las computadores Commodore 64, un modelo de computadora que almacenaba 64 "Kilobytes", y ya era muchísimo.

Hoy en la actualidad, necesitaríamos 10 de esas computadoras para tan solo almacenar cualquier canción en formato mp3.

Ahora bien, si nuestra tecnología así lo demanda para no caer en desuso, ni en contaminación de virus, ni en envejecimiento tecnológico, ¿por qué no le echamos un "Refresh", un "F5" o una actualización a nuestro sistema operativo que tan bien nos haría? ¿Por qué no le damos a nuestro Papá la posibilidad de actualizarnos cada día y librarnos de la contaminación que este mundo nos ofrece?

Nuevas formas de esclavitud mantienen al hombre entretenido bajo este sistema sutil. La tecnología se ha vuelto un yugo difícil de manejar.

La #Tecnología que vino a liberar al espíritu humano y también para eliminar el trabajo físico pesado, terminó creando nuevas adicciones y esclavización.

Nos hemos hecho más dependientes de la tecnología que de Dios. ¿No le parece que estamos en problemas?

Nuestra tecnología amerita una constante actualización, así de igual modo nuestro espíritu. Si consideráramos nuestra necesidad constante de Dios como lo hacemos con esta era tecnológica, nuestra vida sería mucho más fructífera! #SomosLibres   #TodoEsLicitoMasNoTodoConviene

En estos términos, ¿Cuál fue aquella gran actualización que tuvo tanta relevancia en la historia del cristianismo?

¿Quiénes fueron aquellas personas usadas por Dios? ¿Bajo qué circunstancias y tiempos ocurrió ese mover?

Y la verdad, es que tendríamos que remontarnos al siglo XVI cuando aquellos hombres bajo el rótulo de REFORMADORES se atrevieron a desafiar el status quo de la iglesia de aquel entonces y dejaron a Dios con su cincel producir los cambios que la Iglesia ameritaba.

A raíz de esta obra poderosa y la conducción del Espíritu Santo, hoy gozamos de: Música dentro de nuestras ceremonias, participación del pan y el vino como símbolo del Cuerpo de Cristo entregado en la cruz, exposición de la Palabra de Dios en nuestro idioma y acceso a la Palabra de Dios por medio de la Biblia y muchas cosas más.

El único modo de estar actualizados, renovados y activos es acercándonos a diario a esa comunión con el Espíritu Santo que no solo purifica nuestras motivaciones, sino también nos direcciona a lo nuevo de Dios para este tiempo.

Deberíamos preguntarnos si hoy no nos ganan más las tradiciones que la dirección del Espíritu.

¿Quién dirige tu vida? ¿El Espíritu Santo o las tradiciones?

Todo movimiento se institucionaliza y la institución termina matando al movimiento.

¿Cuándo fue tu última actualización?

Reforma o avivamiento

La Iglesia de estos tiempos se mueve bajo estrategias y actividades en busca de avivamientos, es más, añoramos y deseamos conocer aquellos indicios que provocaron aquellos "moveres" de Dios en determinados lugares y tiempos.

Pero el avivamiento denota que algo se ha muerto o estancado… hoy deberíamos repensar y buscar la dirección de Dios para enfrentar y persuadir en este mundo con un mensaje atractivo, convincente y de transformación para nosotros y para quienes lo reciben.

La Iglesia necesita seguir reformándose y actualizándose.

¿Tradiciones o mover del Espíritu Santo?

Bajo esta pregunta, el Señor me ha estado movilizando durante los últimos años. A través de esta inquietud, el Espíritu despertó un fuerte deseo de profundizar acerca de los primeros discípulos y sus conductas.

Cabe subrayar que lo que hoy nosotros consideramos

Iglesia, en aquellos tiempos los primeros discípulos solo se movían bajo la dirección y el obrar del Espíritu Santo sin ningún rotulo ni organización. Se los conocía como "Los del camino". Solo después del primer concilio en Antioquia, comenzaron a denominarlos "cristianos".

"Y se congregaron allí todo un año con la iglesia, y enseñaron a mucha gente; y a los discípulos se les llamó cristianos por primera vez en Antioquía". (Hechos 11:26)

Y así era, un mover de Dios a través de experiencias extraordinarias en diferentes lugares.

Hoy, nuestra Iglesia es una institución que depende más de una organización y planificación. Nuestras ceremonias son tan bien planificadas que nada puede salir de nuestro control.

Hay que ser muy profesional para cantar seis canciones e introducir una predica en una hora.

Aquellos primeros hombres no tenían ni la menor idea de estructura y desarrollo de nuestras "estrategias celestiales" a las cuales sutilmente la denominamos "Visión"

¡Devolvámosle la Iglesia a Dios!

Tradiciones evangélicas: ¿Buenas o malas?

Tenemos un Dios que murió por cada uno de nosotros y pagó el precio de cada uno de nosotros. Celebramos y recordamos con gran cariño lo que Cristo Jesús hizo por nosotros. Había un edicto promulgado que el que pecaba debía morir. La Ley del Talión estaba vigente, pero Cristo tomó el lugar por nosotros. Él se animó a romper con la tradición y morir por nuestros pecados. La única manera de redención era que un justo pagara por nosotros y así lo hizo Él.

Cuando pasaron lista, ninguno de nosotros levantó su mano. Y hoy celebramos esa gracia eterna. Yo tenía que estar ahí, pero Él ocupó mi lugar.

¡Cómo no bendecirle y adorarle, cómo no rendirle nuestras vidas y darle lo mejor! ¡Gracias Señor!

Dios mismo se encargó de romper con las tradiciones. La tradición decía que quien hubiera cometido pecado, debía tomar un animal sin defecto y presentarlo como ofrenda expiatoria al sacerdote para perdón de sus pecados. Dios, que es un Dios que siempre quiere enseñarnos algo a través de su sacrificio en la cruz por medio de Jesucristo, nos anunció "buenas de gran gozo" y si Él estuvo dispuesto a romper con tradiciones para liberarnos de la opresión del pecado, cuánto más nosotros.

Imagínate, cada vez que el sacerdote presentaba una ofrenda por cada alguno que había pecado, ¡el desastre que se produciría en ese lugar!

Pero Jesús se cansó de todo esto y se ofreció como único y suficiente sacrificio para liberarnos de la culpa y del oprobio que nos asechaban. Él se atrevió a romper con ese rito sangriento que tenía atrapada a la humanidad.

Así ocurre con respecto a las tradiciones, liturgias y demás rutinas que nos fatigan, nos cansan, pero no hacemos nada para cambiar.

"A veces tenemos que tomar una decisión para producir un cambio"

La cultura Hebrea tenía mucho de tradición en cuanto a la responsabilidad de transmitir la ley de generación en generación. La responsabilidad del padre de enseñarles a sus hijos.

Así leemos en Deuteronomio 11:18-21:

"Por lo tanto, comprométete de todo corazón a cumplir estas palabras que te doy. Átalas a tus manos y llévalas sobre la frente para recordarlas. 19 Enséñalas a tus hijos. Habla de ellas en tus conversaciones cuando estés en tu casa y cuando vayas por el camino, cuando te acuestes y cuando te levantes. 20 Escríbelas en los marcos de la entrada de tu casa y sobre las puertas de la ciudad 21 para que, mientras el cielo esté sobre la tierra, tú y tus hijos prosperen en la tierra que el Señor juró dar a tus antepasados".

El hombre no pudo cumplir con ellas.

Tradiciones: Conjunto de bienes culturales que se transmite de generación en generación dentro de una comunidad. Se trata de aquellas costumbres y manifestaciones que cada sociedad considera valiosas y las mantiene para que sean aprendidas por las nuevas generaciones, como parte indispensable del legado cultural.

Existe una tendencia de volver al Tabernáculo, y con ello tendencias a vivir promocionando ritos y ceremonias. Cuando en realidad el mensaje de Jesús fue claro:

"Aquí hay uno mayor que el templo" (Mateo 12:3-8; 24:1-2)

Hoy pareciera que el cristianismo está fundado en ceremonias que Jesús dijo que no eran necesarias ni suficientes. El verdadero carácter de la Iglesia es que Cristo sea edificado en nosotros.

"Hubo muchos sacerdotes bajo el sistema antiguo, porque la muerte les impedía continuar con sus funciones; pero dado que Jesús vive para siempre, su sacerdocio dura para siempre. Por eso puede salvar —una vez y para siempre— a los que vienen a Dios por medio de él, quien vive para siempre, a fin de interceder con Dios a favor de ellos.

Él es la clase de sumo sacerdote que necesitamos, porque es santo y no tiene culpa ni mancha de pecado. Él ha sido apartado de los pecadores y se le ha dado el lugar de más alto honor en el cielo. A diferencia de los demás sumos sacerdotes, no tiene necesidad de ofrecer sacrificios cada día. Ellos los ofrecían primero por sus propios pecados y luego por los del pueblo. Sin embargo, Jesús lo hizo una vez y para siempre cuando se ofreció a sí mismo como sacrificio por los pecados del pueblo.

La ley nombra a sumos sacerdotes que están limitados por debilidades humanas; pero después de que la ley fue entregada, Dios nombró a su Hijo mediante un juramento y su Hijo ha sido hecho el perfecto Sumo Sacerdote para siempre". (Hebreos 7:23-34 NTV)

El verdadero evangelio no invierte en edificios, sino en personas.

La Iglesia nada tiene que ver con ceremonias, sino con Jesús obrando a través de cada uno que le ha recibido.

Muchas de nuestras inversiones están destinadas a obras y actividades en las cuales Jesús no perdería el tiempo.

Jesús volvería a nacer en el pesebre, porque la diferencia no es dónde se lo recibe, sino cómo se lo recibe.

"El verdadero evangelio no invierte en edificios, sino en personas"

Hoy más que nunca, debemos entender que estamos en la misión de extender el plan de Dios para no perder esta generación y la siguiente.

Todos los cambios culturales han debilitado mucho el verdadero carácter de la Iglesia y su misión.

La sociedad ha llegado a desarrollar todo tipo de espiritualidad fuera de Jesús y la Iglesia ha entrado en un tiempo de confusión y adormecimiento.

¿Por qué? Porque cuando se pierde la pasión, solo queda rutina.

Al diablo no le molesta que mantengamos un estilo de vida ajustado a rutinas "cristianas". Es más, se complace de las muchas tareas que practicamos, como el ir y congregarnos, involucrarnos en tareas con fines loables dentro de nuestra comunidad, como simple autómatas. Pero si nuestro estilo de vida y nuestras decisiones diarias no logran impactar nuestro espíritu, si nuestras conductas no son afectadas por la dirección del Espíritu Santo, estamos yendo indefectiblemente a un enfriamiento espiritual y a un acomodamiento a la cultura de este mundo.

Las tradiciones han sido un caldo de cultivo en el cual la Iglesia ha persistido, pero cuando estas son más fuertes que la dirección del Espíritu Santo, estamos en problemas.

"Si nuestras conductas no son afectadas por la dirección del Espíritu Santo estamos yendo indefectiblemente a un enfriamiento espiritual y a un acomodamiento a la cultura de este mundo".

¡Enciende mi vida Señor! ¡Te lo ruego Padre Celestial!

Quemando manuales

En nuestra niñez cargábamos con los manuales y estos hacían pesado el portafolio (para los de mi generación).

Hoy tengo la misma sensación, la de cargar con un sin fin de manuales que no hacen otra cosa que contarnos con específicos y detallados puntos cómo debería ser el cristianismo de hoy.

Me pregunto: Jesús y los primeros discípulos ¿cargaban con estos? ¿Recurrían a diferentes compendios para la realización de una tarea? ¿Se perfeccionaban en un "fin de semana" de capacitación intensiva?

Otra vez lo digo y no me canso de repetirlo: Tristemente todo movimiento se institucionaliza y la institución termina ahogando o matando al movimiento.

Tenemos manuales de arrepentimiento y no nos arrepentimos... de perdón y no perdonamos... de restauración familiar y nos llevamos a las patadas... de sanidades divinas y cada día estamos más enfermos... de prevención y cada día hay más adictos...

¡Estamos llenos de manuales que no cumplimos!

He decidido quemar todos los "tomos" y libros que me hablen de la experiencia de otros. He decidido tener una experiencia fuerte y diaria con la VERDAD y ser una carta leída para el mundo.

"Todo movimiento se institucionaliza y la institución termina ahogando o matando al movimiento".

He decidido ser guiado por el Espíritu Santo y entender que el cristianismo no es un manual, sino la experiencia diaria con la dirección del Espíritu Santo.

El cristianismo no es una teoría aprendida, sino un músculo en acción.
#QuemoElTomo1#QuemoElTomo2#QuemoEl Tomo5 #QuemoElTomo1236

"El Evangelio no es un mandamiento que se nos ha enseñado, sino una dádiva que se nos ha entregado".

Así que el Señor dice:

"Este pueblo dice que me pertenece; me honra con sus labios, pero su corazón está lejos de mí. Y la adoración que me dirige no es más que reglas humanas, aprendidas de memoria". (Isaías 29:13 NTV)

A veces ponemos demasiado énfasis en el conocimiento de reglas y conductas y desestimamos el valor que Dios le da a la relación y al vínculo.

El pueblo hebreo tenía la tradición de enseñar a sus hijos la Ley de Jehová (léase Deuteronomio 11:19-21; 6:6-9) pero el Señor denuncia que de nada sirve el conocimiento si nuestro corazón está lejos de Él.

¡Hagamos un alto! Meditemos nuestros estilos de vida. Veamos el resultado de nuestras conductas. ¿No será que Dios está hablándonos a través de circunstancias y métodos que resistimos atribuyéndoles argumentos que no son y no están dentro de las "tradiciones" aprendidas y empleadas?

¡Jesús fue un revolucionario para la religión de aquel entonces!

Cristiano evangélico no practicante

Me llamó poderosamente la atención el comentario de una persona en cuanto a su carácter y visión del cristianismo. Dijo ser: "Cristiano evangélico no practicante".

Hace unos años atrás nos asombrábamos al escuchar este mismo comentario de boca de aquellos que profesaban ser católicos en la Argentina. Ahora, me pregunto: ¿Será que nos hemos culturalizado y hemos convertido en prácticas y costumbres lo que debería seguir siendo una pasión que nos consume?

¿Será que hemos minimizado el cristianismo a una ceremonia y un rito?

Ahora bien, ¿dónde quedó ese fuego consumidor que arrasaba con todo en nuestro interior?

¡Claro, ahora somos más prolijos en nuestras formas y prácticas! Ahora ya no oramos en el Espíritu para no ofender a nadie. Nuestros encuentros se han vuelto muy profesionales aggiornados en métodos detenidamente pensados y cuidados para no cansar y no "espantar" al oyente.

¿Dónde quedó el poder de Dios? ¿Dónde está el mover del Espíritu Santo transformando la vida de aquellos que eran tocados?

Algo no anda bien. Debemos, imitando al GPS, recalcular el camino tomado y volver a la senda del cristianismo. A las sendas antiguas.

Tradiciones y la oración

Existe hoy la tendencia de buscar novedosas palabras para hacer o decir algo diferente. Jesús fue muy claro: Venga tu reino, hágase tu voluntad...

Aunque muchos vean en la oración del "Padre Nuestro" una sistemática repetición, es la más sabia de las oraciones. Basta con solo decir al Señor: Hágase tu voluntad, tu siervo soy.

Enséñanos a orar, enséñanos a caminar conforme a tu dirección y no bajo patrones humanos. Venga tu Reino en cada área de nuestra vida. ¡Amén!

Las conductas manifiestan creencias. Incoherencia es, mantenerse aferrado a conceptos de la vieja vida habiendo nacido de nuevo. Es la contradicción de persistir en conductas egoístas habiéndonos rendido a Cristo. Pero mucho peor es que habiendo caminado de la mano de Jesús, nos soltemos y sigamos de acuerdo a los caminos surcados y de acuerdo a nuestra propia sabiduría.

El secreto de una vida fructífera y llena de fe es aprender a construir cada experiencia solamente dependiendo de la mano de Él.

Devolvámosle la Iglesia a Dios

"Entonces Moisés dijo:

—Si tú mismo no vienes con nosotros, no nos hagas salir de este lugar. ¿Cómo se sabrá que me miras con agrado —a mí y a tu pueblo— si no vienes con nosotros? Pues tu presencia con nosotros es

la que nos separa —a tu pueblo y a mí— de todos los demás pueblos de la tierra". (Éxodo 33:15-16 NTV)

Tristemente los hábitos y costumbres nos han hecho profesionales del asunto y estamos entrenados para realizar cualquier tarea en nombre de Dios.

Podemos ser muy profesionales para hacer una "orada" de sanidad y declaración de lo por venir... Podemos profetizar cualquier "bendición financiera" en nombre de Dios...Podemos cualquier cosa.

Hemos condicionado a Dios a nuestros gustos y formas. Hemos direccionado los ambientes y lugares de acuerdo a nuestras necesidades. Hemos buscado Su favor en cuanto a nuestros proyectos y olvidamos que en este Reino hay un Rey que ordena y nosotros, sus siervos, obedecemos.

Hacemos a Dios cómplice de nuestros proyectos y le pedimos patrocinio económico de los mismos, ¿pero será así como funciona?

Estamos tan profesionalizados que en nuestras organizaciones ya prescindimos de Dios. Terminamos hoy día como en algunos países que siguen sosteniendo sus reyes como figuras pintorescas, pero no gobiernan.

Moisés sabía que la diferencia de su pueblo con el resto de las naciones la hacia la Presencia de Dios. Él se planteaba la necesidad de que Dios fuera su comandante en jefe. Que Dios fuera guiándoles y cubriéndoles en cada paso que tuvieran que dar porque sabía que sin Él no podría hacer nada.

Podríamos preguntarnos si hoy en nuestras planificaciones está este mismo pensamiento. Aquel varón de Dios frente a una multitud y un escenario tan hostil como el desierto, decidió poner a Dios por encima de cualquier buena idea. Hoy nuestra realidad es tan diferente, nuestros escenarios están enmarcados por salones, plataformas, luces, programas atractivos y estudiados, pero, ¿estará Dios con nosotros?

Devolvámosle la Iglesia a Dios... Dejemos que Su Espíritu nos guíe.

Emanuel, Dios con nosotros, habitando entre nosotros es lo que hace la diferencia

Una Iglesia devaluada

¿La devaluación de la moneda o de la iglesia?

Hay una triste tendencia en Argentina, sobre todo en tiempos electorales, en defender a "capa y escapada" el valor de nuestra moneda nacional. Yo creo que de igual modo lo es en cada país vecino. Al punto que nuestras decisiones y proyecciones electorales como país están íntimamente ligadas a las propuestas del candidato y artífice de estas políticas económicas.

Se discute hoy día acerca del valor de la moneda local en

cuánto al valor en que debería estar frente a divisas extranjeras como el dólar o el euro. Algunos consideran que para que nuestra industria nacional sea competitiva a nivel global, debemos devaluar. Otros dicen que esto produciría altos índices de inflación y reducción del salario del trabajador y menor poder adquisitivo.

Me pregunto en cuanto a esto: ¿La iglesia no ha devaluado su poder? ¿No hemos perdido el rumbo y la dirección del Espíritu Santo?

Así como tanto nos preocupamos por mantener una economía estable y restablecer una moneda local fuerte y competitiva, ¿no deberíamos volver a la fuente y repensar qué nos ha pasado como Iglesia?

¿Que nos ocupa más?: ¿La devaluación de la moneda o de la Iglesia? ¿Bajo qué principios nos regimos?

No quiero una iglesia devaluada. No quiero que Cristo mengüe en nosotros. Yo quiero Su poder actuando a través de nosotros y no movernos bajo tendencias de mercados terrenales.

Abramos los ojos... ¿Qué nos pasó? ¿Cambiamos Su gloria por luces, sonido y humo?

¡Despiértese hermano! Estamos en tiempos difíciles y nuestra preocupación se ha corrido de eje. Como si nuestra identidad pasara por nuestros edificios, vestidos, autos, etc.

Algunos hablamos de crisis frente a posibles devaluaciones

de nuestra moneda local, otros la ven como una oportunidad de ampliar el mercado y ver crecer la industria nacional a niveles de mayor competitividad en el mundo. ¿Y quién se replantea si la Iglesia no está en crisis?

¿Nuestros ánimos y proyectos andan al ritmo de nuestra moneda o a la Palabra de Dios?

¿No será que se ha devaluado nuestra fe? ¿No será que se ha devaluado nuestra confianza en la Palabra? ¿No será que hemos devaluado la misión de Dios?

Nuestra Iglesia ha devaluado en su estilo y forma el desarrollo y manifestación del poder de Dios en cada ambiente en que nos desenvolvemos. Estamos muy pendientes de los detalles secundarios y de las formas, mientras que descuidamos el fondo, o lo que importa.

No se conforme a esto, Dios le está hablando en este momento como lo hizo conmigo. Dios quiere arrancar de raíz todo conformismo a vivir de acuerdo a los principios, patrones de este mundo y a tradiciones evangélicas. Dios quiere comenzar con usted.

Yo quiero ser lleno del Espíritu Santo. ¿Usted? Venga tu Reino Señor!!! #UnaIglesiaDevaluada

ACERQUEMONOS
La revelación está.
El perdón está. La Gracia está.
El descanso está. La misericordia está.
El gozo está.

La guía y la dirección está.

No se trata de exclusividad, solo de intensidad y búsqueda. Deja de lidiar con aquellas cosas que están al alcance de tu vida, la mesa está servida.

"Así que acerquémonos con toda confianza al trono de la gracia de nuestro Dios. Allí recibiremos su misericordia y encontraremos la gracia que nos ayudará cuando más la necesitemos". (Hebreos 4:16 NTV)

Un fosforito

Cabe destacar lo sencillo pero efectivo que puede ser un fosforito.

Así como te conté anteriormente, hace unos años atrás, específicamente en el año 2009 comenzamos con un ministerio al que denominamos EXPERIENCIA PASSION DAY, en el cual cada año desafiamos a la juventud en la Argentina a ser parte de este sentir de avivar el fuego de nuestra comunión con el Espíritu Santo, para comenzar un revolución que vaya de adentro hacia fuera.

Así el proyecto fue creciendo y propagándose a diferentes lugares de Argentina. Igual que un fosforito, que es tan pequeño pero que puede encender un gran fuego, aquel emprendimiento fue afectando la conducta, el carácter y la nueva dirección que tomaron muchos jóvenes.

Vos necesitas un fosforito para encender ese fuego. Pero también podes ser esa chispa para que otro comience a encenderse.

Urge la necesidad de mantener ese altar encendido, porque la realidad que estamos viviendo necesita ser confrontada con algo que venga del cielo, y así como en el monte Carmelo descendió sobre aquel altar fuego de Dios y quitó la confusión del pueblo de Dios, hoy lo que Dios va a hacer quitará todo espíritu religioso, toda idolatría y volverá el corazón de los hijos al Padre amoroso.

¿Hijo o siervo?

Desde hace tiempo la palabra PATERNIDAD ha ocupado un lugar predominante en nuestra comunidad. Esta temática nos ha enseñado los derechos como hijos, es decir nuestra herencia, posición y legado.

Ahora bien, estamos aprendiendo bien el proceder de hijos. Nuestro papá es Dios, pero no olvidemos que él es Rey y nosotros sus siervos (y nada de "gran" siervo) y como tales debemos obedecer.

San Juan 21:17 dice: *"Le dijo la tercera vez: Simón, hijo de Jonás, ¿me amas? Pedro se entristeció de que le dijese la tercera vez: ¿Me amas? y le respondió: Señor, tú lo sabes todo; tú sabes que te amo. Jesús le dijo: Apacienta mis ovejas".*

Jesús dijo: *"El que tiene mis mandamientos, y los guarda, ése es el que me ama; y el que me ama, será amado por mi Padre, y yo le amaré, y me manifestaré a él".* (Juan 14:21)

Fue el mismo apóstol Pablo quien nos enseñó acerca de que fuimos adoptados y ya no somos esclavos, sino hijos y clamamos Abba Padre (Romanos 8:15), pero él mismo se presenta: *"Yo, Pablo, esclavo de Cristo Jesús y elegido por Dios para ser apóstol y enviado a predicar su Buena Noticia"…* (Romanos 1:1)

Somos una comunidad muy "romántica", hablamos de Él, nos enamoramos de Su Presencia, practicamos la intimidad, pero descuidamos o no ponemos por obra lo que Jesús nos comisionó.

"Y vendrán a ti como viene el pueblo, y estarán delante de ti como pueblo mío, y oirán tus palabras, y no las pondrán por obra; antes hacen halagos con sus bocas, y el corazón de ellos anda en pos de su avaricia.

Y he aquí que tú eres a ellos como cantor de amores, hermoso de voz y que canta bien; y oirán tus palabras, pero no las pondrán por obra". (Ezequiel 33:31-32)

Jesús mismo nos enseñó: ¿Quién de vosotros, teniendo un siervo que ara o apacienta ganado, al volver él del campo, luego le dice: Pasa, siéntate a la mesa?

¿No le dice más bien: Prepárame la cena, cíñete, y sírveme hasta que haya comido y bebido; y después de esto, come y bebe tú?

¿Acaso da gracias al siervo porque hizo lo que se le había mandado? Pienso que no. Así también vosotros, cuando hayáis hecho todo lo que os ha sido ordenado, decid: Siervos inútiles somos, pues lo que debíamos hacer, hicimos.

(Lucas 17:7-10)

Es decir, aprendiz de siervo inútil, ya que todavía no hicimos todo lo que se nos encomendó...

Y Jesús se acercó y les habló diciendo: Toda potestad me es dada en el cielo y en la tierra. Por tanto, id, y haced discípulos a todas las naciones, bautizándolos en el nombre del Padre, y del Hijo, y del Espíritu Santo; enseñándoles que guarden todas las cosas que os he mandado; y he aquí yo estoy con vosotros todos los días, hasta el fin del mundo. Amén. (Mateo 28:18-20)

La discusión no está en si somos HIJOS o SIERVOS, sino en nuestra determinación de obedecer y agradar su corazón. En definitiva, siempre en la obediencia hay bendición cualquiera que sea la posición en la que te encuentres o te quieras poner.

Dios es mi Papá, pero también es mi Rey! Yo soy su hijo y clamo Abba Padre, pero también soy siervo y digo: ¡Sí Señor. Amén!

¡PERO ESTAMOS EN PROBLEMAS!

¿Conocer o reconocer?

La que vamos a leer a continuación es parte de lo que a lo largo de la historia del cristianismo se ha repetido. Samuel ministraba a un Dios que no conocía.

Deberíamos repensar nuestros modos.

¿No seremos parte de muchas de las actividades que se desarrollan donde se pone más énfasis en la actividad en sí misma que en preguntarnos si lo que hacemos le agrada a Dios?

1 Samuel 3:8-10 dice:

"Así que el Señor llamó por tercera vez, y una vez más Samuel se levantó y fue a donde estaba Elí. —Aquí estoy. ¿Me llamó usted?

En ese momento Elí se dio cuenta de que era el Señor quien llamaba al niño. Entonces le dijo a Samuel:

—Ve y acuéstate de nuevo y, si alguien vuelve a llamarte, di: "Habla, Señor, que tu siervo escucha".

Así que Samuel volvió a su cama. Y el Señor vino y llamó igual que antes:

—¡Samuel! ¡Samuel! Y Samuel respondió:

—Habla, que tu siervo escucha."

Una generación de "Samueles…"

Samuel conocería todos los detalles del culto. Sabría dirigir la alabanza, levantar las ofrendas, predicar, etc., etc., etc., pero cuando Dios le hablo no supo reconocerle.

Tristemente somos parte de una movilización de personas que frecuentamos cada semana un encuentro con alguien que no conocemos.

Nos llamamos hijos de alguien a quien no le conocemos su voz.

¡Sí! dura la realidad, pero esto siempre ocurrió.

Hechos 17:22-27 dice:

"Entonces Pablo, de pie ante el Concilio, les dirigió las siguientes palabras: Hombres de Atenas, veo que ustedes son muy religiosos en todo sentido, porque mientras caminaba observé la gran cantidad de lugares sagrados. Y uno de sus altares tenía la siguiente inscripción: "A un Dios Desconocido". Este Dios, a quien ustedes rinden culto sin conocer, es de quien yo les hablo.

Él es el Dios que hizo el mundo y todo lo que hay en él. Ya que es el Señor del cielo y de la tierra, no vive en templos hechos por hombres, y las manos humanas no pueden servirlo, porque él no tiene ninguna necesidad.

Él es quien da vida y aliento a todo y satisface cada necesidad. De un solo hombre creó todas las naciones de toda la tierra. De antemano decidió cuándo se levantarían y cuándo caerían, y determinó los límites de cada una.

Su propósito era que las naciones buscaran a Dios y, quizá acercándose a tientas, lo encontraran; aunque él no está lejos de ninguno de nosotros".

San Juan 1:10-12 dice:

"Vino al mismo mundo que él había creado, pero el mundo no lo reconoció. Vino a los de su propio pueblo, y hasta ellos lo rechazaron; pero a todos los que creyeron en él y lo recibieron, les dio el derecho de llegar a ser hijos de Dios"

Mateo 7:21-23 dice:

"No todo el que me llama: "¡Señor, Señor!" entrará en el reino del cielo. Solo entrarán aquellos que verdaderamente hacen la voluntad de mi Padre que está en el cielo. El día del juicio, muchos me dirán: "¡Señor, Señor! Profetizamos en tu nombre, expulsamos demonios en tu nombre e hicimos muchos milagros en tu nombre". Pero yo les responderé: "Nunca los conocí. Aléjense de mí, ustedes, que violan las leyes de Dios".

Ahora bien, Pablo nos dice que la Fe viene por el oír la Palabra, es decir que esta nos habla… Juan, nos enseña en el capítulo 1:1, que Jesús es la Palabra hecha hombre. Deberíamos pensar si nuestras conductas no reflejan el mismo carácter de aquellos tiempos en que Jesús apareció entre nosotros y no le reconocimos.

El tener una biografía, no nos da el derecho de afirmar que conocemos a la persona, sino solamente características de esta.

Así de igual modo, el leer la Biblia sin un encuentro personal diario con la Palabra (Jesús) nos deja en la posición del conocimiento, pero no de reconocimiento de la persona de Jesús.

Dios sigue hablando hoy, ¿le reconoces su voz?

¿Dios encerrado?

Hemos hecho de Dios un programa en donde lo encasillamos en días y horarios, como si fuera que Él atendiera solo los domingos y bajo determinados programas y formas.

Hemos encerrado a Dios en liturgias, canciones y oratorias...

Condicionamos a Dios en retribuciones y "bendiciones" manipuladas por nuestras acciones egocéntricas...

El verdadero culto va más allá de las ceremonias y expresiones aprendidas de manuales obsoletos. El verdadero culto es un corazón rendido y un canal de expresión de Su amor para cada ámbito que la vida te propone.

¡La #Fe me pone al servicio de Dios y no a Dios a mi servicio!

Cuando perdemos de vista la tarea que nos fue asignada, perdemos de vista el camino trazado y nuestra vida carece de propósito.

Hágase tu voluntad, es mucho más que una conjunción de palabras, es el sentir del cielo manifestado en conductas diarias.

El amor de Dios no es una expresión cantada, sino una acción manifiesta.

¿Cuándo dejaremos de poner a Dios a nuestro servicio y pondremos nuestra vida a su servicio?

No vivimos para encontrar nuestra satisfacción, sino para agradar a su corazón.

Tendemos a buscar placer en todo lo que hacemos y descuidamos el propósito original con que fuimos creados para Su gozo.

"Busquen el Reino de Dios por encima de todo lo demás y lleven una vida justa, y él les dará todo lo que necesiten". (Mateo 6:33)

El amor de Dios no es una expresión cantada, sino una acción manifiesta ¡Arrepentíos porque el Reino de los cielos ha llegado!

Tales palabras utilizó muchas veces Jesús al ingresar en una ciudad, en una casa.

¿Qué quiso decir Jesús con esto?

Estamos tan arraigados a conceptos y formas de vivir que no existe el modo de experimentar Su Reino si no es a través de un cambio de vida. ¿El aquí y ahora se vive de acuerdo a mis patrones, donde yo decido, o bien, de acuerdo a lo que Jesús nos enseña? En mi reinito, yo decido. En Su reino, Él decide. En mi reinito, soy servido. En Su reino, yo sirvo. En mi reinito, vivo para mí. En Su reino, vivo para otros.

Haya en vosotros pues este mismo sentir....

"¿Hay algún estímulo en pertenecer a Cristo?

¿Existe algún consuelo en su amor? ¿Tenemos en conjunto alguna comunión en el Espíritu?

¿Tienen ustedes un corazón tierno y compasivo? Entonces, háganme verdaderamente feliz poniéndose de acuerdo de todo corazón entre ustedes, amándose unos a otros y trabajando juntos con un mismo pensamiento y un mismo propósito. No sean egoístas; no traten de impresionar a nadie. Sean humildes, es decir, considerando a los demás como mejores que ustedes. No se ocupen solo de sus propios intereses, sino también procuren interesarse en los demás.

Tengan la misma actitud que tuvo Cristo Jesús. Aunque era Dios, no consideró que el ser igual

a Dios fuera algo a lo cual aferrarse. En cambio, renunció a sus privilegios divinos; adoptó la humilde posición de un esclavo y nació como un ser humano. Cuando apareció en forma de hombre, se humilló a sí mismo en obediencia a Dios y murió en una cruz como morían los criminales. Por lo tanto, Dios lo elevó al lugar de máximo honor y le dio el nombre que está por encima de todos los demás nombres para que, ante el nombre de Jesús, se doble toda rodilla en el cielo y en la tierra y debajo de la tierra, y toda lengua confiese que Jesucristo es el Señor para la gloria de Dios Padre". (Filipenses 2:1-11 NTV)

"¡Tengan cuidado! No hagan sus buenas acciones en público para que los demás los admiren, porque perderán la recompensa de su Padre, que está en el cielo. Cuando le des a alguien que pasa necesidad, no hagas lo que hacen los hipócritas que tocan la trompeta en las sinagogas y en las calles para llamar la atención a sus actos de caridad. Les digo la verdad, no recibirán otra recompensa más que esa. Pero tú, cuando le des a alguien que pasa necesidad, que no sepa tu mano izquierda lo que hace tu derecha. Entrega tu ayuda en privado, y tu Padre, quien todo lo ve, te recompensará". (Mateo 6:1-4)

En el Reino de Dios no existe el modo de realizarse a sí mismo. No se puede vivir para Dios y a la vez para uno.

Muchas veces buscamos reconocimiento en lo horizontal, pero descuidamos el verdadero valor de la recompensa del cielo. La aprobación vertical.

El Ego es el mayor enemigo de la espiritualidad.

En el Reino de Dios no existe el modo de realizarse a sí mismo. No se puede vivir para Dios y a la vez para uno.

Tradiciones vs Evangelismo

¡LA EVANGELIZACION NO ES UNA CAMPAÑA!

La evangelización de la Iglesia no comienza cuando se habilita el escenario y se enciende el sonido. Esta se desarrolla en cada ámbito que la vida te propone.

Hemos condicionado la buena noticia para ocasiones y lugares especiales, y obviamos que predicamos en todo tiempo, aun cuando hablamos.

¿Y cómo irá alguien a contarles sin ser enviado? Por eso, las Escrituras dicen:

"¡Qué hermosos son los pies de los mensajeros que traen buenas noticias!" (Romanos 10.15)

¡HEME AQUI!

Después oí que el Señor preguntaba: «¿A quién enviaré como mensajero a este pueblo? ¿Quién irá por nosotros?». (Isaías 6:8)

—Aquí estoy yo —le dije—. Envíame a mí.

Dejemos de vivir un evangelio fundado en nuestras necesidades y enfoquemos nuestras fuerzas en extender Su Reino.

Hemos vivido un evangelio de experiencias personales y descuidado el sentir del cielo.

¿Para qué más revelación, oración, adoración, si lo que hemos oído no ha producido la movilización esperada del cielo?

La experiencia de Isaías es un claro ejemplo de lo que Dios quiere hacer con nosotros.

Dios le mostró su grandeza en medio del dolor, purificó su vida, es decir saneó su causa y lo envió como mensajero. Isaías nunca más volvió a ser el mismo.

Si entendemos el mensaje de Jesús no podemos seguir invirtiendo puertas adentro. ¡El mensaje es Amar, todo lo demás es religión!

¡Heme Aquí! Es la oración que se espera oír en el cielo. Buscar lo que Dios quiere es hacer la voluntad del Señor.

Dejemos de buscar a Dios para el apoyo de nuestros proyectos y empecemos a apoyar los proyectos de Dios!!!

#VengaTuReino

Si entendemos el mensaje de Jesús no podemos seguir invirtiendo puertas adentro. El mensaje es Amar, todo lo demás es religión!

La Iglesia no es una institución

¿Cuándo fue que institucionalizamos lo que comenzó como un movimiento?

La iglesia no es un edificio, es el mover del Espíritu Santo guiándonos. Somos los del camino.

Hoy ponemos más énfasis en los edificios, las organizaciones, en obtener personaría jurídica y alcanzar el beneficio de que se nos nombre como Entidad de Bien Público, que en las vidas de las personas. Es más, invertimos en lo que Jesús declaró que no iba a quedar piedra sobre piedra.

Rentable, medible y controlable.

¿Será que la Iglesia que pensó Dios tendrá estas características que hoy se aplican en el procedimiento de todo liderazgo?

Regalo sonido, luces y plataforma. Por desalojo de local obsequio instrumentos. ¡Me voy a la calle! Firmado: JESÚS

"Saliendo Jesús del templo, le dijo uno de sus discípulos: Maestro, mira qué piedras, y qué edificios. Jesús, respondiendo, le dijo: ¿Ves estos grandes edificios? No quedará piedra sobre piedra, que no sea derribada". (Marcos 13:1-2)

Ahora me pregunto: ¿Por qué seguimos insistiendo en lo que Jesús nunca invirtió?

Trabajamos duro por lo que perece y descuidamos lo eterno. Nunca la iglesia fue una institución, fue el mover del Espíritu Santo en la vida de aquellos que le recibieron!

#LosDelCamino #SomosLaIglesia #EdificioDeDios

Desencantados con la Iglesia

Mucha gente desencantada. ¿Con la Iglesia o con la organización?

Cabe subrayar el alto nivel de deserción creciente de asistentes a lo que comúnmente denominamos Iglesia. Desencantados por no encontrar en ese ámbito la diferencia que predicamos.

Deberíamos repensar lo que es la verdadera Iglesia y su funcionamiento. La necesidad de volver al origen y sus formas y devolverle la iglesia a Dios. La iglesia no es edificio, ni organización, ni estructura humana. La iglesia es una franquicia del cielo dirigida por el Espíritu Santo en cada acto donde los cristianos deberíamos reflejar Su amor.

SEAMOS JESUS

Solo aquel que estuvo en un pozo sabe lo que es ayudar a otro y tener empatía con este. Solo aquel que sufrió sabe lo que es el dolor.

La Iglesia fue llamada a reconciliar al mundo con Dios, no a juzgar al mundo.

2 Corintios 5:17-20 dice: *"Esto significa que todo el que pertenece a Cristo se ha convertido en una persona nueva. La vida antigua ha pasado; ¡una nueva vida ha comenzado! Y todo esto es un regalo de Dios, quien nos trajo de vuelta a sí mismo por medio de Cristo. Y Dios nos ha dado la tarea de reconciliar a la gente con él. Pues Dios estaba en Cristo reconciliando al mundo consigo mismo, no tomando*

más en cuenta el pecado de la gente. Y nos dio a nosotros este maravilloso mensaje de reconciliación. Así que somos embajadores de Cristo; Dios hace su llamado por medio de nosotros. Hablamos en nombre de Cristo cuando les rogamos: ¡Vuelvan a Dios!"

La tarea ha sido entorpecida desde el momento en que no entendimos Su mensaje!

Jesús vino a buscar lo que se había perdido. Él se entregó por amor y ascendió al cielo con la premisa de que el mensaje de amar al mundo era un lección aprendida. Si El no vino a juzgar, sino a salvar. Seamos Jesús!!!!

¡La iglesia fue llamada a reconciliar al mundo con Dios, no ha juzgar al mundo!

¡El evangelio es una buena noticia! Esta es que Jesús dio la vida por ti, que fue pagada tu deuda y que eres amado y aceptado por Dios.

El evangelio es un deleite para aquellos que no tenían oportunidades y se encontraron con la vida.

La religión promueve cargas imposibles de llevar que no solo desgastan al cuerpo, sino alimentan el alma en su crisis por ser aceptado y valorado.

Cristo Jesús hizo todo y es suficiente para todo aquel que en él cree.

Comparte tu pan con el hambriento y habrá fiesta en el cielo. ¡El evangelio es una causa de mendigos que habiendo encontrado pan les cuentan a otros mendigos lo bien que han comido!

El evangelio es la locura de Dios amando a la gente.

Dios no te ama más o menos por lo que haces. Te ama por lo que sos. Dios es amor. El amor de Dios ha sido derramado en nuestro corazón. Entonces,¿ por qué no somos amables?

El evangelio es la locura de Dios amando a la gente.

La Gracia abraza lo que el pecado desecha.

La Gracia de Dios es la historia de una sustitución, donde Jesús tomó mi lugar como único y suficiente sacrificio por mis pecados.

Así como el pecado entró por un hombre (Adán) así también la salvación entró por Jesús.

(1 Corintios 15:21)

Yo no hice nada y nací pecador por ser hijo de Adán. De igual modo, yo no hice nada y la salvación llegó a mi vida por nacer de nuevo y creer en Jesús. Jesús me abrazó, su gracia me salvó.

¡Cuando la Gracia se manifiesta la religión se ofende!

El verdadero evangelio

El verdadero Evangelio se ha perdido, hemos honrado y

practicado tradiciones y conductas que nos han alejado de lo que Jesús nos enseñó.

Hay un sentir que vino del cielo, fue el mismo que en cada lugar donde Jesús aparecía decía: "El Reino de los Cielos se ha acercado, arrepentíos". El arrepentimiento es un cambio.

En aquellos tiempos había conductas que eran apropiadas para un determinado tipo de personas, lugares y ocasiones. Jesús confrontó tales conductas y tradiciones con el fin de enseñarnos algo:

El mayor es el que sirve. (San Juan 13:16)

El mayor es el enviado y no el que envía. (San Juan 13:15)
El más importante no es el que está en la plataforma. (Mateo 23:7)

El más importante no es el que tiene un cargo sobre otros, sino el que tiene carga por otros. (Mateo 23:7-8)

El mayor no es el más famoso. (Mateo 23:5)

Quienes buscan reconocimiento entre sus pares ya tienen su merecido, pero quienes buscan reconocimiento en el cielo, viven totalmente rendidos en la tierra.

¡Que el sentir del cielo se haga cultura en la tierra!

Este es el sentir que tuvo Cristo Jesús. El cual siendo en forma de Dios, no "estimó" el ser igual a Dios como cosa a que aferrarse, sino que se DESPOJÓ así mismo, tomando forma de SIERVO... (Filipenses 2:5-8)

¡Que el sentir del cielo se haga cultura en la tierra! Vuelvo a decirlo, y no me canso...

Quien busca reconocimiento entre sus pares, ya obtuvo su recompensa. Pero quien la busca en el cielo, vive totalmente rendido en la tierra!

Fuimos llamados a ser coherentes. Mucha gente ve esta tremenda crisis en nuestras filas, al ver que nuestra predica difiere de nuestras conductas.

Coherencia es la relación entre lo que digo y lo que hago. Muchas de nuestras conductas son incongruentes a causa del divorcio que existe entre lo que pienso y cómo actúo.

Si fuésemos coherentes nuestros resultados serían muy distintos. La falta de coherencia nos vuelve artífices de una doble vida.

La tradición vs la alabanza

La Alabanza no es un ministerio, sino un mandato.

La alabanza a Dios pone en orden nuestra vida. La alabanza es un golpe de estado al "yo".

La alabanza es el ámbito donde Dios se manifiesta y esta nos quita de escena a nosotros y pone a Él en su lugar.

Pareciera que funcionamos mejor con la queja. Somos especialistas en la queja. La queja ha llenado nuestra boca y hemos fomentado un caldo de cultivo.

¿Queremos un cambio de ámbito? Cambiemos la queja por la alabanza y veremos Su gloria. ¡Todo lo que respira Alabe a Dios! (no dice: quéjese a Dios)

Necesitamos una reforma del corazón

Hace unos años atrás, un reconocido predicador de los EEUU visitó la Argentina. Frente a la magnitud de la convocatoria en aquel auditorio, el presentador se esmeró en dar relevancia a los detalles del curriculum del hombre a presentar... Habiendo subido el predicador esbozó: ¡Padre, perdónale porque no sabe lo que dice! Pero también expresó: ¡Padre perdóname, porque me gustó!

El Ego es el mayor impedimento en estos tiempos para que la gente pueda conocer a Cristo. Marquesinas cargadas con imágenes de hombres con títulos que manifiestan la necesidad de reconocimiento entre sus pares y esconden una gran carencia de encontrar el valor que solo del Cielo hace la diferencia!

"No te harás de imagen"... (Éxodo 20:4)

Cada programa, evento o convocatoria realizada está enmarcada por la imagen del orador de turno. Como si fuera este quien debería movilizarnos.

La Biblia dice en Isaías 53:2: "Mas le veremos sin

atractivo... para que le deseemos"

En estos tiempos, los diseñadores gráficos le aplicaran photo shop al rostro de Jesús, pero no es el corazón del evangelio ni la dinámica del Reino el curriculum, la foto ni la marquesina de Jesús. Dejemos de lado nuestro Ego y que Cristo sea más visible a través de nosotros.

Quien busca reconocimiento entre sus pares, ya obtuvo su recompensa. Pero quien la busca en el cielo, vive totalmente rendido en la tierra...

Como bien tocamos en capítulos anteriores la tecnología necesita existir en un estado de constante cambio y modernización. De esta manera nos encontramos a diario con un sin fin de artefactos que necesitan estar conectados a la red para la perfecta mantención y ejecución de los mismos.

Ahora, pensando en esto, ¿cuál fue la última actualización de la Iglesia?

Podemos remontarnos al siglo XVI, donde hombres como John Wycliffe, John Hus, Martin Lutero, Juan Calvino, John Knox, etc. que se atrevieron a conectarse con la fuente y preguntarle a Dios si lo que pasaba en la Iglesia era lo que él quería. Así de este modo hoy celebramos la Cena del Señor, tenemos acceso a la Biblia, cantamos alabanzas, etc, etc...

De igual modo deberíamos preguntarnos si hoy nuestra condición de cristiandad pasa por las tradiciones y ceremonias que celebramos. ¿Se encontrará Dios satisfecho con nuestras viejas prácticas?

Hemos encasillado a Dios en días y horarios, como si este atendiera solo los domingos a las 10 de la mañana, bajo determinadas actividades y modos que están bajo nuestra puntillosa tutela.

Lo que para hoy un componente electrónico, llámese: computadora, tablet o teléfono celular le demanda WI-FI, a nuestra Iglesia el modo de actualizarse se llama Altar.

El Altar es como el Wi Fi del cielo

No es atractivo, pero cambia estados, no es atractivo pero nadie sale ileso. El Altar en el Antiguo Testamento o la persona de Jesucristo en el Nuevo, no tienen atractivo por sí mismos.

Claro, quien puede competir frente a la industria de entretenimiento hoy, pero sigue siendo la única fuente de vida y renovación que necesitamos.

Ese encuentro que sana el alma.
Ese abrazo que da pertenencia.
Ese toque que inspira.
Ese lugar que sigue purificando las motivaciones.
El Altar sigue vigente, no es atractivo pero cambia vidas.
Acércate y volverás distinto.
Que en este día, tu vida esté conectada al Reino, y permita

una actualización de estado a tu disco rígido y veas como todo funciona de maravillas.

El boom de la "Adoración"

Pareciera que el objetivo a alcanzar en cada encuentro de "Adoración" es entrar en ese "tercer cielo" o tener una experiencia extrasensorial.

Ministros de Adoración (o salmistas como se llaman ahora) conducen a miles de personas a momentos como estos, y está bien, pero no es un fin en sí mismo. Solo es un momento y una experiencia para un nuevo comienzo, una nueva oportunidad.

Veamos lo que ocurrió en aquel aposento alto, cuando vino el Espíritu Santo sobre aquellos discípulos que estaban reunidos.

"Cuando llegó el día de Pentecostés, estaban todos unánimes juntos.

Y de repente vino del cielo un estruendo como de un viento recio que soplaba, el cual llenó toda la casa donde estaban sentados; y se les aparecieron lenguas repartidas, como de fuego, asentándose sobre cada uno de ellos.

Y fueron todos llenos del Espíritu Santo, y comenzaron a hablar en otras lenguas, según el Espíritu les daba que hablasen". (Hechos 2:1-4)

Tal experiencia no hubiera sido productiva si la persecución no hubiera movilizado a la Iglesia.

Hoy, todavía estarían reunidos en aquel lugar los hijos de los hijos de estos primeros discípulos y se harían "tours de adoración" para conocer tal lugar y tomar tal experiencia.

Pero aquel mismo que los bautizó con fuego, también fue el que permitió que las botas romanas los disemine a través de la persecución en diferentes regiones contando acerca de lo maravilloso que les había ocurrido con cambios notorios en su carácter y en sus conductas.

Una gran burbuja

Nos hemos metido en una gran burbuja que no nos permite ver más allá de esa "Shekinah" que perseguimos, la cual nos mantiene muy alejados de la realidad de cada día.

Estas experiencias extraordinarias debería producir resultados extraordinarios en nuestro diario vivir. Pero tristemente, muchos que bajan del "tercer cielo" siguen siendo las mismas personas como antes de subir.

Por vivir en el cielo, me olvide de caminar en el suelo.

Así dice esa canción popular de un cantautor latino, donde hace una mea culpa en cuanto a su estilo de vida y sus seres queridos.

Ahora bien, ¿no deberíamos considerar que si por estar encapsulados en esa corriente estamos dejando de caminar y afectar donde Dios nos ha legado la responsabilidad de afectar y bendecir a nuestro ambiente?

Experiencias como las que tuvieron los primeros discípulos trajeron resultados que han sido significativos hasta el día de hoy. Por lo tanto si tu experiencia no cambia tu conducta y no afecta tu familia y desarrollo, lo que estás haciendo es simplemente un lindo paseo…

La excelencia de nuestra adoración, no la hace nuestra instrumentación, armonía o jerarquía musical. La diferencia en nuestra adoración la marca nuestra integridad y rendición a Dios.

Si tu experiencia no cambia tu conducta y no afecta tu familia y desarrollo, lo que estás haciendo es simplemente un lindo paseo…

La verdadera adoración pasa por otro lado, y rara vez tiene que ver con música o instrumento, aunque si pueden ser facilitadores y herramientas útiles. La verdadera adoración es un corazón transformado que depende pura y exclusivamente de la dirección del Espíritu Santo y afecta tu carácter, tu conducta, tus relaciones, tu trabajo y produce frutos perdurables…

Salgamos de esa cápsula, dejemos la burbuja, y seamos bien "terrenales". Pisemos este suelo dirigidos por el Espíritu Santo y que la Gloria del cielo se haga presente en el suelo. Ese es el desafío.

La música que produce placer en los oídos de Dios son los

latidos de un corazón humilde y quebrantado! Todo lo demás es ruido! #AdoracionGenuina

La verdadera adoración es mostrar un corazón transformado que produce frutos perdurables

Una Iglesia nueva

La Iglesia del Nuevo Testamento está muy lejos del protocolo del Antiguo Testamento. Está concebida en una nueva forma de llevar adelante el mensaje, lejos de la liturgia. Donde este no se desarrolla a través de las formas y estructuras que eran considerables en su estilo por el sacerdocio y orden levítico del Antiguo Testamento, sino en la practicidad y sencillez del obrar del Espíritu Santo a través de personas, lugares señalados y en los momentos indicados.

Pareciera que la Iglesia que se construye estaría más enfocada en los edificios y todos sus ornamentos que en el verdadero culto y practicidad del mensaje.

Somos muy cuidadosos en mantener las liturgias del Antiguo Testamento que en llevar adelante el estilo de evangelio que Jesús nos mostró.

Seguimos invirtiendo y destinando energías en lo que no cambia al mundo. Demasiado énfasis en cosas temporales y posturas humanas y dejamos pasar lo que Jesús nos enseñó.

La iglesia del Nuevo Testamento estaba fuera de los templos y sinagogas. No se edificaba en torno a edificios u ornamentos. La Iglesia de Jesús estaba fundada en la dirección de Espíritu Santo en cada oportunidad y lugar que este lo determinara.

Vale la pena subrayar que tampoco era un movimiento unipersonal, como si la revelación e inspiración del cielo pasara por "exclusivos".

"¿Qué hay, pues, hermanos? Cuando os reunís, cada uno de vosotros tiene salmo, tiene doctrina, tiene lengua, tiene revelación, tiene interpretación. Hágase todo para edificación". (1 Corintios 14:26)

Quiero traer a esta conversación el pensamiento de un amigo pastor, Pedro Balsarini:

"Una de las características más importantes de las reuniones del Nuevo Testamento era la total ausencia del oficio humano. Cristo dirigía la reunión por medio del Espíritu Santo a través de los creyentes. De nuevo, el principio gobernante de la primera Iglesia era "unos a otros"; no es de extrañar que estas tres palabras juntas se encuentren escritas más de 60 veces en el Nuevo Testamento.

Por tanto, la popular forma actual centrada en un hombre, rivalizando con la función de Director ocupada por Cristo, era completamente desconocida en las reuniones de los primeros cristianos. En su lugar, todos los hermanos venían a la asamblea con el convencimiento de que tenían la obligación y la responsabilidad de aportar algo a ella.

Además, las reuniones de la primera Iglesia estaban marcadas por un sentido de abierta libertad e informalidad que era la atmósfera requerida para que Cristo libremente se desplace a través de cada una de las personas que forman parte de su Cuerpo.

En esencia, el ir a una reunión de la primera iglesia implicaba ir a dar más que a recibir. Nadie iba a recibir una clase religiosa de parte de un especialista religioso perteneciente al "clero". Por el contrario, uno iba a servir a sus hermanos por medio de tus dones específicos para que todo el cuerpo pudiera ser edificado".

Hoy pareciera que la iglesia se abrevia en una serie de programas puntualmente ordenados en tiempos y formas determinados por nuestra conveniencia y nuestros gustos.

La iglesia que Dios levantó a través de la persona de Jesús se fundamenta en el amor que ha sido derramado en nuestros corazones y en la conducta manifiesta de estar en cada acto y lugar donde la vida nos propone a diario.

La Iglesia del Nuevo testamento tiene un mensaje: ¡Ve tú y haz lo mismo!

"En esto se presentó un experto en la ley y, para poner a prueba a Jesús, le hizo esta pregunta:

—Maestro, ¿qué tengo que hacer para heredar la vida eterna? Jesús replicó: —¿Qué está escrito en la ley? ¿Cómo la interpretas tú? Como respuesta el hombre citó: —"Ama al Señor tu Dios con todo tu corazón, con todo tu ser, con todas tus fuerzas y con toda tu mente", y: "Ama a tu prójimo como a ti mismo." —Bien contestado

—le dijo Jesús—. Haz eso y vivirás. Pero él quería justificarse, así que le preguntó a Jesús: ¿Y quién es mi prójimo? Jesús respondió: — Bajaba un hombre de Jerusalén a Jericó, y cayó en manos de unos ladrones. Le quitaron la ropa, lo golpearon y se fueron, dejándolo medio muerto. Resulta que viajaba por el mismo camino un sacerdote quien, al verlo, se desvió y siguió de largo. Así también llegó a aquel lugar un levita, y al verlo, se desvió y siguió de largo. Pero un samaritano que iba de viaje llegó adonde estaba el hombre y, viéndolo, se compadeció de él. Se acercó, le curó las heridas con vino y aceite, y se las vendó. Luego lo montó sobre su propia cabalgadura, lo llevó a un alojamiento y lo cuidó. Al día siguiente, sacó dos monedas de plata y se las dio al dueño del alojamiento. "Cuídemelo —le dijo—, y lo que gaste usted de más, se lo pagaré cuando yo vuelva." ¿Cuál de estos tres piensas que demostró ser el prójimo del que cayó en manos de los ladrones? —El que se compadeció de él —contestó el experto en la ley.

—Anda entonces y haz tú lo mismo —concluyó Jesús". (Lucas 10:25-37)

¡Mientras la religión te lleva a la "Iglesia" el hijo de Dios entiende que es la Iglesia para el mundo!

Nuestra responsabilidad no está limitada entre cuatro paredes ni en determinado lugar ni hora prefijada. La

Iglesia de Dios está determinada por el designio del Espíritu Santo moviéndose a través de sus hijos que son sensibles a su voz y se mueven de acuerdo a sus directivas.

Soy insistente en mencionar que hemos encerrado a Dios en programas y formatos previamente determinados a nuestros gustos y posibilidades, y no le hemos dado a Él la libertad de guiarnos de acuerdo a su voluntad.

Seamos la iglesia que Dios espera para este tiempo… todo lo demás carece de sentido para el Reino de Dios.

Mientras el sacerdote y el levita corrían a su "oficio", el samaritano, sí, el samaritano, aquel a quien el judío despreciaba por ser mezcla, atendía las necesidades del dolido, del enfermo.

Ahora, ¿el sacerdote y el levita hacia dónde se dirigían?

¿Cuál era su prisa?

¿Será que por nuestra prisa el mundo sigue sufriendo a causa de nuestros excelentes encuentros y nuestras hermosas reuniones?

Así andamos nosotros, corriendo por los congresos, conferencias, retiros, seminarios, reuniones, recitales, festivales, etc. ¿y mientras tanto qué?

Seamos la Iglesia que Dios espera para este tiempo… todo lo demás carece de sentido para el reino de Dios!

¡Mientras la religión te lleva a la "Iglesia" el hijo de Dios entiende que es la Iglesia para el Mundo!

No se trata de ir a la "Iglesia", se trata de ser la Iglesia en cada lugar que la vida te propone…

No busques una plataforma donde servir a Dios, conviértete en la plataforma para que la Gloria de Dios se desarrolle a través de ti.

"Porque de tal manera amó Dios al mundo, que ha dado a su Hijo unigénito, para que todo aquel que en él cree, no se pierda, mas tenga vida eterna". (San Juan 3:16)

Bien aprendido tenemos este texto. Pero quiero desafiarte a que pongas "primera" y comiences a vivir un cristianismo práctico.

"En esto hemos conocido el amor, en que él puso su vida por nosotros; también nosotros debemos poner nuestras vidas por los hermanos". (1 Juan 3:16)

Somos la expresión de su amor en cada lugar en donde estemos. No limitemos el obrar de Dios.

Los amigos del campeón

Quiero terminar este libro hablando de los "amigos del campeón", frase instalada y entendida como aquel entorno que rodea al "exitoso". Ya sea el empresario del año, el deportista de élite, político de turno, etc., que debido a las circunstancias se encuentra en el podio de su carrera.

Ahora, cuando los vientos cambian todo ese entorno desaparece dejando muchas veces a aquel "distinguido" en soledad.

Esos "amigos" desaparecen cuando la derrota golpea la puerta.

¡Qué bueno que Jesús no es así! Él es amigo de perdedores y pecadores…

"Vino el Hijo del Hombre, que come y bebe, y dicen: He aquí un hombre comilón, y bebedor de vino, amigo de publicanos y de pecadores. Pero la sabiduría es justificada por sus hijos". (Mateo 11.19)

"y lo vil del mundo y lo menospreciado escogió Dios, y lo que no es, para deshacer lo que es" (1 Corintios 1:28)

Durante mucho tiempo esto mismo ha ocurrido entre nosotros, solo basta con ver algunas conductas. Pero el Espíritu del Santo esta arrancando todo elitismo y superioridad que se nos ha pegado en nuestros modos y formas de proceder separándonos de lo que Jesús vino a buscar.

¡Tristemente la "Iglesia" es el único ejército que mata a sus heridos!

Pero es bueno repetir esto: La Gracia abraza lo que el pecado desecha.

La Gracia de Dios es la historia de una sustitución, donde Jesús tomó mi lugar como único y suficiente sacrificio por mis pecados.

Así como el pecado entro por un hombre (Adán) así también la salvación por Jesús

(1 Corintios 15:21)

Yo no hice nada y nací pecador por ser hijo de Adán! De igual modo, yo no hice nada y la salvación llego a mi vida por nacer de nuevo y creer en Jesús!

Jesús me abrazo, su gracia me salvo!

Cuando la Gracia se manifiesta la Religión se ofende.

La gracia contrarresta esta creciente tendencia entre nuestras filas.

La Iglesia que Dios ha levantado y sigue formando tiene gracia para compartir al que la vida le maltrató.

Nadie puede vivir sin la gracia de Dios! Nadie…

Yo también tuve los "amigos del campeón", pero cuando me descubrí perdedor ya se habían ido todos… Menos uno: Jesús, el incondicional, el amigo fiel.

A Él sea toda la gloria.

Frases…

"Somos definidos por lo que hacemos y no por lo que

decimos"

"Cuando lo abracé no me preguntó la denominación ni qué visión tiene mi ministerio! Aquel niño solo recibió el Amor. #SeamosJesus #SeamosIglesia"

"Cuando nuestra identidad y estima están definidas por nuestro entorno estamos en problemas! #SomosDefinidosPorDios"

"El liderazgo produce competencia, el servicio compañerismo"

"Jesús se subió a la cruz por amor, otros se suben a la marquesina por honor #BajateDelPony #ElFamosoEsJesus"

"Probemos con la escuela de siervos! #BastaDeLiderazgo #LaEscuelaDeJesus"

"La falta de expectativas es por nuestra falta de fe"

"La religión produce conductas piadosas lejos de la dependencia y providencia de Dios"

"La diferencia en nuestra vida no depende de nuestros proyectos personales, sino de la providencia de Dios"

"Un estilo de vida piadosa lejos de la dependencia de Dios es religión"

"La música que produce placer en los oídos de Dios son los latidos de un corazón humilde y quebrantado. Todo lo demás es ruido #AdoracionGenuina"

"Aviso clasificado: Regalo sonido, luces y plataforma. Por desalojo de local obsequio instrumentos. Me voy a la calle! JESUS #LaVerdaderaIglesia"

"Quien busca reconocimiento entre sus pares, ya obtuvo su recompensa. Pero quien la busca en el cielo, vive totalmente rendido en la tierra"

"Que el sentir del cielo se haga cultura en la tierra" "El evangelio es la locura de Dios amando a la gente"

"La iglesia fue llamada a reconciliar al mundo con Dios, no ha juzgar al mundo"

"Hoy ponemos más énfasis en los edificios, organizaciones, en obtener personería jurídica y alcanzar el beneficio de que nos nombren como Entidad de Bien Público, que en las vidas de las personas"

"El Ego es el mayor enemigo de la espiritualidad! #YaNoVivoYo"

"El amor de Dios no es una expresión cantada, sino una acción manifiesta"

"El verdadero culto va más allá de las ceremonias y expresiones aprendidas de manuales obsoletos. El verdadero culto es un corazón rendido y un canal de expresión de Su amor para cada ámbito que la vida te propone"

"La gracia abraza lo que el pecado desecha"

"Somos una comunidad muy "romántica", hablamos de Él, nos enamoramos de Su Presencia, practicamos la intimidad, pero descuidamos o no ponemos por obra lo que Jesús nos comisionó".

"Pastor evangélico recibió a Cristo en su corazón…"

"El Evangelio no es un mandamiento que se nos ha enseñado, sino una dádiva que se nos ha entregado".

"El verdadero evangelio no invierte en edificios, sino en personas".

"La verdadera espiritualidad no es ruidosa, es profunda y produce cambios notorios".

"Solo la comunión con el Espíritu Santo nos da la gratificación y plenitud que el pecado nos robó".

"Superficial para el mundo pero profundo para el Cielo".

"A Dios no le importó el precio de Su Hijo, a fin de volver a tenernos cerca"

"No existe mal tiempo, solo ropa inadecuada".

"Cuando uno prende una luz, no solo ilumina su ambiente, sino también trae claridad a su entorno"

"Si la vida te pone de rodillas, excelente posición para depender de Dios".

"Ponemos demasiado énfasis en cosas temporales y descuidamos las eternas, entrenamos nuestro cuerpo y descuidamos el espíritu".

"No podemos conducir a nadie donde no hemos estado"

"Nosotros seguimos admirando a la Iglesia primitiva, cuando ella debería admirarnos a nosotros"

"Es hora de devolverle la Iglesia a Jesús"

¡Por favor al único lugar donde debemos subirnos día tras día es a la Cruz!

"La verdad no es una lección, ni un libro... la verdad es una Persona: JESÚS"

"La diferencia en este tiempo no la van a hacer los que hablan, sino los que escuchen"

"Para que Dios te use, primero tiene que tratar con tu Ego! Cuanto más anónimo, mas brillará Su Nombre! #YaNoVivoYo #BajateDeLaMarquesina"

"La experiencia del cielo se puede hacer manifiesta en cada corazón".

"Hoy se necesitan "profetas" que con pasión y determinación en su corazón sean esos altares para que la Gloria de Dios se manifieste en cada escuela, universidad, oficina, club, etc".

"Cuando uno enciende una lámpara no solo trae claridad a

su camino, sino también alumbra la vida de otros".

"Hay que extender ese fuego en cada rincón de este mundo que se muere de frio"

"Si nuestras conductas no son afectadas por la dirección del Espíritu Santo, estamos yendo indefectiblemente a un enfriamiento espiritual y acomodamiento a la cultura de este mundo".

"Hágase tu voluntad, es mucho más que una conjunción de palabras, es el sentir del cielo manifestado en conductas diarias"

"La evangelización no es una campaña"

"El evangelio es un deleite para aquellos que no tenían oportunidades y se encontraron con la vida"

"La verdadera adoración es un corazón transformado que produce frutos perdurables"

Estimado Lector:

Nos interesan mucho tus comentarios y opiniones sobre esta obra. Por favor ayúdanos comentando sobre este libro. Puedes hacerlo dejando una reseña en la tienda donde lo has adquirido.

Puedes también escribirnos por correo electrónico a la dirección info@editorialimagen.com

Si deseas más libros como éste puedes visitar el sitio de **Editorialimagen.com** para ver los nuevos títulos disponibles y aprovechar los descuentos y precios especiales que publicamos cada semana.

Allí mismo puedes contactarnos directamente si tienes dudas, preguntas o cualquier sugerencia. ¡Esperamos saber de ti!

Más Libros de Interés

Instinto de Conquista

Instinto de Conquista es un libro motivacional, que desafía la inquietud de cualquier persona que anhele un cambio en su vida y no sabe por dónde comenzar.

Dios está en Control - Descubre cómo librarte de tus temores y disfrutar la paz de Dios

En este libro, el pastor Jorge Lozano, nos enseña cómo librarnos de los temores para que podamos experimentar la paz de Dios.

Gracia para Vivir - Descubre cómo vivir la vida cristiana y ser parte de los planes de Dios

Este libro trata sobre la gracia que proviene de Dios. La misma gracia que trae salvación también nos enseña cómo vivir mientras esperamos la venida de Jesús.

Sanidad para el Alma Herida - Como sanar las heridas del corazón y confrontar los traumas para obtener verdadera libertad espiritual

Este es un libro teórico y práctico sobre sanidad interior.

Vida Cristiana Victoriosa - Fortalece tu fe para caminar más cerca de Dios

En este libro descubrirás cómo vivir la vida victoriosa, Cómo ser amigo de Dios, Lo que hace la diferencia, Cómo te ve Dios, Cómo ser un guerrero de Dios, entre muchos otros temas.

Cómo hablar con Dios – Aprendiendo a orar paso a paso

A veces complicamos algo que nuestro Señor quiere que sea sencillo, es por esto que en este libro podrás encontrar detalladamente las respuestas a las preguntas:

- ¿Cómo debo orar?
- ¿Qué me garantiza que Dios me va a responder?
- ¿Qué palabras debo usar?

Dios Contigo - Tu Padre quiere hablarte y tiene un mensaje para ti

Varios autores se han reunido para darle forma a este libro, cuya intención es acercarte más al corazón de Dios.

30 días con Dios - Lecturas diarias que te fortalecerán y te acercarán al Padre

Lo que leerás a continuación es un devocional que hemos preparado con algunas de las reflexiones que ya hemos enviado por correo electrónico a miles de personas alrededor del mundo desde al año 2004

Cerca de Jesús - Acércate a la cruz y serás cambiado para siempre

En este libro, el pastor Jorge Lozano, quien nació en México y vive en Argentina desde hace más de 20 años, nos enseña cómo acercarnos más a la persona de Jesús para experimentar Su abrazo y ser cambiados para siempre.

Espíritu Santo, ¡Sopla En Mí! - Aprendiendo los secretos para un vida de poder espiritual

¿Realmente queremos vivir una experiencia que revolucione nuestro presente, que haga la diferencia entre la muerte y la vida espiritual? De eso trata este libro. Te guiará a conocer al Espíritu Santo como persona.

Ángeles en la Tierra - Historias reales de personas que han tenido experiencias sobrenaturales con un ángel

Este libro no pretende ser un estudio bíblico exhaustivo de los ángeles según la Biblia – hay muchos libros que tratan ese tema. Los ángeles son tan reales y la mayoría de las personas han tenido por lo menos una experiencia sobrenatural o inexplicable. En este libro de ángeles comparto mi experiencia, como así también la de muchas otras personas.

Made in the USA
Lexington, KY
20 July 2016